ゆさぶる
カルチュラル・スタディーズ

稲垣 健志 編著
INAGAKI Kenji

北樹出版

は じ め に

　本書を手に取っていただきありがとうございます。あらかじめ断っておきますと、この本は「カルチュラル・スタディーズとは何か？」を問うものではありません。ここではそのねらいについて、「やや回りくどく」説明したいと思います。最終章でもう少し詳しく述べますが、「カルチュラル・スタディーズとは何か」本は、1990年代後半から2000年代初頭にたくさん出されました。逆にいえば、関連する諸研究には言及されていたものの、それまでカルチュラル・スタディーズを総体としてとらえるということはほとんどなかったということです。しかし、吉見俊哉によれば、「1996年以降、日本におけるカルチュラル・スタディーズをめぐる状況は大きく変わった」のです。この年の3月、イギリスにおけるカルチュラル・スタディーズの中心人物であったスチュアート・ホールら6名が来日し、4日間にわたるシンポジウム「カルチュラル・スタディーズとの対話」が開催されました。詳細については、その記録集である『カルチュラル・スタディーズとの対話』（新曜社、1999年）をご覧いただきたいですが、吉見はこのシンポジウムでスチュアート・ホールが行った基調講演「カルチュラル・スタディーズの翼に乗って、旅立とう」を、「日本におけるカルチュラル・スタディーズの大きな展開の画期」と位置づけています。さらにこの年には、『思想』（1月）と『現代思想』（3月）がそれぞれカルチュラル・スタディーズの特集を組み、広く知れ渡ることになります。また1998年には、スチュアート・ホールの弟子であるポール・ギルロイのもとで学んでいた小笠原博毅を中心に、同じく『現代思想』でスチュアート・ホール特集号が編まれました。そして、グレアム・ターナー『カルチュラル・スタディーズ入門――理論と英国での発展――』の翻訳（作品社、1999年）を皮切りに、上野俊哉・毛利嘉孝『カルチュラル・スタディーズ入門（ちくま新書）』（筑摩書房、2000年）および『実践カルチュラル・スタディーズ（ちくま新書）』（筑摩書房、2002年）、吉見俊哉『カルチュラル・スタディーズ（思考のフロンティア）』（岩波書店、2000年）、吉見俊哉編『知の教科書 カルチュラル・スタディーズ（講談社選書メチエ）』（講談社、2001年）、本橋哲也『カルチュラル・スタディーズへの招待』（大

修館書店、2002年）など、「カルチュラル・スタディーズとは何か」本が次々と刊行されていきました。

　このように日本でカルチュラル・スタディーズが急速に広まっていったこの時期、私は学部から修士課程の学生でした。そして、そのような「カルチュラル・スタディーズとは何か」本や、そこで紹介されていた研究書や論文を読み、大いに影響を受けたのです。まさにカルチュラル・スタディーズに「ゆさぶられた」わけです。さらに2003年からは、既存の学会やシンポジウムの形式や制度にとらわれず、さまざまな立場の人々がお互いにフラットな関係のもと発表や対話や表現活動をおこなうイベント、カルチュラル・タイフーン（通称カルタイ）が開始されました。毎年カルタイには日本のみならず、アジアを中心に世界から研究者、アーティスト、パフォーマー、アクティビストが集い、多い時には1000人を超える参加者がこの「大人の文化祭」を楽しんでいます。2013年にはカルタイが学会化され、「カルチュラル・スタディーズ学会」として、カルタイの開催や『年報カルチュラル・スタディーズ』の発行を担うようになり、現在に至ります。

　このように日本にカルチュラル・スタディーズが紹介され、流行り、時に「カルスタ」と揶揄され、定着し、制度化してきたことが何を意味するのか、それを問うことは「はじめに」の役目を大きく超えてしまいます。ただ、一つ指摘しておきたいのは、カルチュラル・スタディーズが日本に入ってくる状況を目の当たりにした我々以降の世代は、大学に入学した時点で「カルチュラル・スタディーズがすでに学びの場にある」ということです。「これがカルチュラル・スタディーズですよ。」と教えてくれる状況にあるとはどういう意味があるのでしょうか。我々が危惧しているのは、良くも悪くもカルチュラル・スタディーズが広まったことにより、その研究方法がパッケージ化され、メディアを扱うなら誰々と誰々、ジェンダーなら誰々と誰々、あるいはサブカルチャーなら…といった具合に、なじみのあるテーマに名の知れた研究者、「カルチュラル・スタディーズとは何か」本で紹介されている理論を配置すれば、なんとなく「カルスタっぽい」ものが出来上がる、そのような状況です。それは本末転倒というやつです。カルチュラル・スタディーズありきで「それっぽい文化を探してカルスタをやる」のではなく、まずは興味をもった、衝

撃を受けた文化があって、その文化を「真剣に考えたい」時のためのカルチュラル・スタディーズであるはずです。カルチュラル・スタディーズありきの文化ではなく、文化ありきのカルチュラル・スタディーズなのです。

　本書はそれを示すために編まれました。『ゆさぶるカルチュラル・スタディーズ』とは、カルチュラル・スタディーズに「ゆさぶられた」者たちが、硬直しかけている今のカルチュラル・スタディーズを「ゆさぶる」本というわけです。そして、本書を読んでくださったみなさんが、何かしら「ゆさぶられて」、我々を「ゆさぶる」ような応答をしてくれることになれば、これ以上の喜びはありません。

稲垣　健志

「オンラインでゆさぶるカルチュラル・スタディーズ」

http://www.hokuju.jp/yusakaru/

目　　次

1

モバイルメディアの殻・繭・棘

みんなスマホばっかり見てる…。街中でそう思ったことはないだろうか。それぞれに個性をもっているはずの人々が、みんな一様に目を落とし、背をかがめ、せっせと指を動かす。SNSや買い物、映画視聴など、おそらくやっていることはバラバラなのだろうが、誰かに命令されたわけでもないのに、ほとんど全員がスマホを握って離さない。しかも、一日中。見慣れてはいるが、考えてみれば少し奇妙な光景だ。本章では人々が「なんとなくやっている」この光景を読み解いていこう。

✚ 1. 殻 と 繭

　わたしたちは、スマートフォンといった移動可能（モバイル）なメディアを介して、さまざまなメディア・コンテンツやサービス、さらには人間関係を結びあわせる複雑かつ広大なネットワークとともに生活している。通勤・通学中でも、カフェでも、好きなことに好きなだけ、いつでも・どこでもふれ続ける状況は、もはや珍しいものではない。

　モバイルメディアを自在に使い、公共（パブリック）な空間をまるで自由かつ私的（プライベート）な空間であるかのように移動（モバイル）する人々の状況は、**モバイル・プライヴァタイゼーション**と呼ばれてきた。この概念を最初に用いたレイモンド・ウィリアムズ（Raymond Henry Williams）は、たとえば、人々が自在に乗りこなすメディアである自動車を「殻（シェル）」にたとえてみせる。みずから購入（私有化）した商品である自動車に乗り込み、エアコンを効かせ、音楽を流しながら、それぞれの目的地に自由に自動車で移動する人々は、たしかに自動車という堅い殻のなかで居心地よさそうに過ごしていることだろう。

　だが、自由にみえる自動車が、実際には、地形や交通ルールに移動を制限されているように、人々は「次々に商品購入／私有化を行う消費者」であり続けねば、公共（パブリック）な空間にいることを許されなくなってしまっているのではないか。自由なドライバーたちも、実際には堅い檻に閉じこめられてしまっているように、公共空間にいるための選択肢を奪われているのではないか。そんな両義性を表すために、ウィリアムズは殻というメタファー（隠喩表現）を使った

のだ。ウィリアムズは自動車のほかにもテレビやラジオといった家庭に持ち込まれるメディアに注目し、それらが家族関係を介して、人々の生活にいかに変容をもたらすかについて思考し続けた。

　一方で、モバイルメディアはますます個人をモバイルにさせてきた。1979年に誕生し、90年代までグローバルなヒット商品となったSONYウォークマンを事例としたドゥ・ゲイ（Paul Du Gay）らの研究が明らかにしたように、一人ひとりが好き勝手にモバイルメディアを扱うという**個人化**した状況は、人々を孤立させるだけでなく、家族や地域の人間関係といった既存の束縛から逃れるかたちで、自由かつ私的な人間関係を想像させ、形成するチャンスにもなったのだ（Hall, du Gay, Janes, Negus 1997＝2000）。とはいえ、モバイルメディアの代表格である携帯電話やモバイルPCがもたらした自由が「いつでもどこでも仕事ができてしまう自由」でもあったように、モバイル・プライヴァタイゼーションは、やはり両義的なものだ（毛利 1997）。

　さて、スマホ全盛期以前の2000年代、今ではガラケー（ガラパゴス・ケータイ）と呼ばれるケータイを巧みに用いて、周囲から隔絶し、仲間内だけのテリトリーを構築し、綿密にコミュニケーションをとり続ける若者のネットワークは、羽化する昆虫の「繭（まゆ）」づくりにたとえられ、**テレ・コクーン**と呼ばれた（羽渕 2006）。冒頭で示したスマホを握って離さない様子は、一人ひとりが繭づくりにいそしむ光景でもあったといえる。殻とは異なり、繭は優しく生身を包み込むイメージや成長や進化を予期させるメタファーだといえる。だからこそ、注目すべきはやはり両義性だ。

◆┿ 2.│ 監視 vs チル

　一見すると自由な空間である繭のなかは、はたして本当に居心地のよい空間だろうか。たとえば、ユーザー同士がまるで監視カメラにでもなったかのように、おたがいの様子を24時間体勢でチェックしあうSNS上の**監視文化**や「監視されている」ことを前提に投稿する**監視的想像力**を働かせる生活は、もはや自由というよりも息苦しさすら感じられる（Lyon 2018＝2019）。

　自粛生活が強要される2020年からの感染拡大（パンデミック）下での生活では、人々の相互

監視が一気に高まり、SNSでのコミュニケーションのとり方にまで細心の注意が求められることになった。パンデミックでは、感染予防対策抜きに人と会うことはもちろん、飛沫感染リスクの高い食事をともにとることは避けるべき行為となった。したがって、うっかり友人との宴会の様子を（たとえ24時間後に消失するInstagramのストーリーであっても）SNSに投稿すれば、感染面での意識の低さ、またそれをオンライン上にアップすることでバッシングされる可能性を生む危機管理能力の低さから、ほかの友人たちとの距離が生まれてしまうかもしれない。他者との距離感の微妙な調整に、一層緊張が走るようになり、監視文化はますます刺々しいものとなっていった。

　さて、感染拡大以前から継続する刺々しい監視文化と交渉〈ネゴシエーション〉し、折り合いをつけ、「なんとかやっていく」ための技芸のようなものがInstagram上で展開されていることは注目されるべきだ。昨今のInstagramのトレンドは「のんびり・まったり・ありのまま」を軸とするチルだといわれる。英語の"Chill Out"が語源で、落ち着くといったニュアンスをもつこのトレンドは、「今年の新語2021」にも選出された。Instagramといえば、2017年の流行語大賞に「インスタ映え」が選出された頃であれば、たとえば「ナイトプールではしゃぐ様子」といった、実生活と比較すると理想的で、少し背伸びをしたような「映え」や「盛り」を追求する姿勢が話題となっていた。だが、チルはこうしたトレンドとは一線を画す。インスタントカメラで撮影したような、ザラつき・あたたかみのある静止画・動画を多用し、顔はあまり正面から映さず、「のんびりとしたピクニック」といった、くつろいだ雰囲気や親密な誰かとの関係性がナチュラルに映し出されるような被写体を撮影するようなトレンドだ。

　「インスタ映え」は、流行語大賞にノミネートされた前後から、「インスタ萎え〈な〉」や「インスタ蝿〈ばえ〉」といった言葉とともに、「映え」や「盛り」を追求する姿勢は痛々しいもの、あるいはそれらを追求する行動がマナーやモラル違反につながるケースが出てきたために、バッシングの対象にもされてきた。だとすれば、チルというトレンドは、刺々しいまなざしを意識せざるをえない、緊張に満ちた監視文化のなかにおいて編み出された、バッシング回避的な表現文化としてとらえるべきだろう。それは同時に、ミシェル・ド・セルトー（Michel de Certeau）が「なんとかやっていく」（Certeau 1980=1987: 91）、さらには「ふりかかっ

てくるいろいろな事件を『しのげるもの』にかえて楽しんだりする術」(Certeau 1980=1987: 32) と呼んだような技芸を、Instagram のユーザーたちが集合的に生み出し、刺々しさから自分たちを保護する繭を生み出したということでもある。

■ 3. | 棘

　モバイルメディアは居心地の良い「殻」ないしは「繭」のようにわたしたちを包み込む。その一面があることは確かだ。だが、モバイルメディアは心身を突き刺す「棘(とげ)」をもつ。たとえば、**マイクロアグレッション**だ。直訳すれば、微細な加害行為である。一つひとつは些細なことでも、何度も同じところを棘で刺されるうちに、やがて大怪我になるような加害行為を指す言葉だ (Sue 2010=2020)。外見で判断して「日本語がお上手ですね」と褒めることで、生まれも育ちも日本社会の若者に疎外感をおぼえさせたり、ナチスのコスプレをすることでユダヤ系のルーツをもつ人々に恐怖や威圧感を与えたり、水着姿の女性が映るポスターを職場に飾ることで「あなたはわれわれの性的好奇心を満たすためにここにいるのだ」と女性従業員に暗黙のメッセージを投げかけるようなことだ。

　一見些細なことに思われるかもしれないが、ポイントは、目の前の相手が変わっても、引っ越しても、職場を変えても、SNS でまったり過ごそうとしていても、また誰かに同じ棘で刺される可能性があるということだ。なぜなら、マイクロアグレッションはマイノリティ（少数者）の社会的属性を狙い撃ちにするからである。まわりからは些細にみえようとも、大きな一撃であることもあれば、くり返し刺され続けることで大きなダメージとなることもある。したがって、マイクロアグレッションは「些細なものを含む累積的加害行為」としてとらえたほうが適切だろう（ケイン 2021）。

　マイクロアグレッションは、ウィリアムズが「殻」と呼んだ自動車の車載ラジオやテレビから投げかけられることもあれば、「繭」であるスマホで眺めるメディア・コンテンツや SNS のなかから押し寄せることもあるだろう。差別や社会問題に直面したり、そこからなんとか逃れようとしても立ち戻らねばならない場面が現れたりする**マイノリティ**(少数者)と、差別や社会問題となかなか

直面しないために、それらを「知らず・気がつかず・自らは傷つかずにすむ」特権をもつ「気にせずにすむ人々」である**マジョリティ**（多数者）とでは、「棘」のありようも、刺さり具合も異なるのだ。さらにいえば、SNS に代表される、オンライン上で「場所貸し」をすることで利益を出すプラットフォーム企業にとっては、人々が注目する情報が流通すればするほど広告収入が上がり、利益が生まれる構造なので、「棘」は消失しない（むしろ、させない？）傾向にある。

◆ 4. 夢と悪夢のスマートシティ

　さて、モバイルメディアの普及によって、対人関係だけでなく、都市生活の全体にも変化が生まれつつある。データ駆動型社会や Society5.0 といった漠然としつつも意味ありげな言葉とともにしばしば取り上げられるスマートシティ。それが意味するところはさまざまであるが、ひとまず、居住者の都市での行動や商品の選択・購入に関するデータを常に採取し続けながら、企業の商品・サービスのネットワークと公共サービス、そして都市生活を緊密に結びつけることで、都市生活の効率性・利便性を高める構想だといえる（佐幸 2021）。

　この構想の核にあるのがモバイルメディアである。スマートフォンや時計型の端末、自動車といった身体とともに移動するメディアが発信する行動履歴・購入履歴を収集し、都市開発やサービスの改善に役立てようというわけだ。

　さらに、採取したデータをもとに市民参加型で都市政策を立案するということも技術的には可能である。つまり「ユーザーがケータイで繭をつくる」のではなく、「無数の端末が発信するデータをもとに都市そのものを居住者にとって居心地のよい繭にしてしまう」というスケールの大きな構想なのだ。採取したデータに基づき、無駄な公共事業を省き、適切な都市開発を進め、購入履歴や使用状況を把握し 24 時間体制で商品やサービスを途切れることなく提供することで、居心地の良い都市生活を実現する。たいへん夢のある話なのだが、夢はいつでも悪夢にもなりうる。

　スマートシティの基盤は監視技術だ。監視技術で収集されたデータの運用・管理の適切さは、スマートシティのサービス提供企業とサービス導入者である行政による巨大な複合体が握っており、市民にその全貌はわからない。

政治学者のジョディ・ディーン（Jodi Dean）は、情報技術によって絶えずコミュニケーションが行き交う現代の資本主義の動向を**コミュニケーション資本主義**と呼び、その主要な特徴をあげているが、以下では**ビジネスの論理**の前景化と**秘密の領域の拡大**に注目し、スマートシティがもたらす問題について考えたい。

ビジネスの論理とは、たとえば「真実」と「虚偽」の情報がある場合、（情報の質ではなく）より多くの経済的価値を生み出せそうな情報を優先的に流通・循環・貯蔵することで、利益を生みだす論理である。

では、秘密の領域の拡大とは何か。ディーンによれば、情報の公開性・透明性の担保が指摘されるなか、企業や行政が対応する部分はあるものの、膨大な情報の監視・流通・貯蔵・管理を担う主体は結局のところ企業と行政であるため、市民の生活に直結する重要な事柄であっても、実質的には密室で決められてしまうリスクがあるというのだ。しかも、先ほどのビジネスの論理が合わさることで「市民の生活に何がどのように必要か」という重要な観点よりも「儲かるか否か」という観点が優勢になり、市民間の対話の場すらも変質してしまうという（Dean 2018）。「水道民営化」という名のもとでの、企業による水の私　有　化（プライヴァタイゼーション）が、料金の値上げによって貧困世帯のさらなる困窮をもたらすように、公共サービスは、そもそもビジネスの論理にはなじまないし、市民の生活の質に関わる議論が秘密の領域で決められてしまってはたまらない。

では、スマートシティはどうか。行政の不祥事の隠蔽、都市開発を名目にした野宿者の排除、行政へのデモや占拠やストライキを「治安維持」の名目で排除するといったことを、あくまでもビジネスとして強行し、市民の生活の質をないがしろにする可能性がありうる。「スマートシティには市民参加型の政策立案の機会があるから大丈夫」という声が上がりそうだが、そもそも、対話の場においてすらマイノリティにとってフェアではないことが論じられており（Solnit 2020＝2021）、その指摘には厳しいものがあるだろう。モバイルメディアで生まれる巨大な「繭」が、「棘」に覆いつくされる可能性もあるのだ。

◼️ 5.│全力と諦念（ていねん）

モバイルメディアにくり返し現れる、魅惑的なコンテンツやサービス、商品

の購入、SNSでのやりとりにのめりこむことで日々をやり過ごす日常。わたしたちが「○○して」とスマホやお掃除ロボと連動したAIに指示を飛ばすとき、その指示すらもビッグデータとして回収される日々。このように書いてしまうと、わたしたちは受動的に毎日を過ごしているようだが、そんなことは決してない。女優・本田翼が笑顔で「全力ダンス」や「全力ダッシュ」に取り組むLINEスマホのCM（2020～2021）に表れているように、わたしたちはいつだって次々にモバイルメディアを放つ企業の利益拡大に「全力」で役に立つことを求められる集合性をもった、極めて能動的で主体的な消費者という存在である。問題は、その能動性や主体性が、檻のような「殻」と、息苦しさを感じさせる「繭」と、深々と心身を突き刺す「棘」の構築・維持に「全力」で役立っているのではないか、という点にある。

　そうはいっても、いまさらモバイルメディアを捨て去るのは実質的に不可能だ。オンライン授業もテレワークも趣味の活動もできなくなってしまう。

　「この社会はたしかに問題ばかりだけど変えようもないし、もう仕方ない」という諦念とともに現実を受け入れ、とりあえず生きていくしかない現代。いや、何度も人々を諦めさせることで、無力さを学習させ、**再帰的無能感**をもたせるような社会。そこで漂うリアルな——（たとえ、わたしたちを苦しめていようとも）「資本主義の終わりを想像するよりも、世界の終わりを想像する方が容易い」——価値観を、マーク・フィッシャー（Mark Fisher）は**資本主義リアリズム**と呼んだ（Fisher 2009=2018）。ノスタルジックなリバイバルものの娯楽や商品に耽溺しながら、別様の未来を思い描くこともなく、しかし諦念とともに生きていくような感覚をフィッシャーは克明に描いたのだが、上記でみたような、消費者としての「全力」の貢献を求められる気忙しさもまた、再帰的無能感に拍車をかけているように思われる。

　だが、モバイルメディアの「殻・繭・棘」のしくみを知ることで、目の前のありふれた光景の「ものの見方」が少し変わることはありえる。諦念と全力の抜け道を見つけることまでも諦めるのは、まだ早いのかもしれない。

（ケイン　樹里安）

〈読者のための文化紹介〉

＊飲食店の卓上にある SNS の投稿を呼びかける告知：「SNS での宣伝 or 当店と『友達』になると 1 品サービス！」といった文言をみると、胃袋さえも常時接続社会なのだと改めて気づかされる。

＊ミュージックビデオ「お嫁においで 2015」（加山雄三 feat. PUNPEE, 2015 年）：「売れているのは無料配信曲」だからとパートナーとの結婚を夢想しながらも躊躇するラッパー・PUNPEE と、1968 年にリリースした楽曲で力強くもノスタルジックな「男らしさ」を歌い上げる若大将・加山雄三の原曲がレコードで奏でられる対比。親密な関係性が景気の動向と結びつくさま、「嫁」というニュアンス、そして何より、いまだに異性愛中心主義の日本社会が浮き彫りになる。

＊書籍『コミュニケーション資本主義と〈コモン〉の探求──ポスト・ヒューマン時代のメディア論』（伊藤守編, 東京大学出版会, 2019 年）：Dean の議論やスマートシティの動向をはじめ、現代の情報文化を考える際に欠かせない論点が多数おさめられた 1 冊。

〈引 用 文 献〉

Certeau, Michel de, 1980, *L'Invention du Quotidien. Vol. 1, Arts de Faire*. Union générale d'éditions 10-18. 1980.（山田登世子訳 , 1987,『日常的実践のポイエティーク』国文社.）

Dean, Jodi, 2018, Peak Affect Communicative Capitalism and the Lure and Outrage, the draft of a speech for Cultural Typhoon.

Fisher, Mark, 2009, *Capitalist Realism: Is There No Alternative?*, Zero Books. （河南瑠莉訳, 2018,『資本主義リアリズム──「この道しかない」のか？』堀之内出版.）

羽渕一代, 2006,「高速化する再帰性」, 松田美佐・岡部大介・伊藤瑞子編『ケータイのある風景──テクノロジーの日常化を考える』北大路書房, 121-139.

Hall, Stuart, du Gay, Paul（et.al.）（1997）*Doing Cultural Studies: The Story of the Sony Walkman*, London: Sage/Open University Press.（暮沢剛巳, 2000,『実践カルチュラル・スタディーズ──ソニー・ウォークマンの戦略』大修館書店.）

ケイン樹里安, 2021,「ミックスルーツの人々が受けるマイクロアグレッション」第 41 回 IGC-SSRI 国際シンポジウム「差別と心理学──マイクロアグレッションを理解し日本の社会変革につなげる」（2021 年 12 月 5 日における発表）

Lyon, David, 2018, *The Culture of Surveillance: Watching as a Way of Life*, Polity Press.（田畑暁生訳, 2019,『監視文化の誕生──社会に監視される時代から、ひとびとが進んで監視する時代へ』青土社.）

毛利嘉孝, 1997,「モーバイル・テクノロジーについて──レイモンド・ウィリアムズとモーバイルプライヴァタイゼーション」『10 ＋ 1』（11）INAX 出版 36-38.

佐幸信介, 2021,『空間と統治の社会学──住宅・郊外・ステイホーム』青弓社.

Solnit, Rebecca, 2020, *Recollections of My Non-Existence*, Granta Books.（東辻賢治郎訳, 2021,『私のいない部屋』左右社.）

Sue, Delald Wing, 2010, *Microaggressions in Everyday Life: Race, Gender, and Sexual Orientation*,

Wiley.（マイクロアグレッション研究会訳, 2020, 『日常生活に埋め込まれたマイクロアグレッション──人種、ジェンダー、性的指向：マイノリティに向けられる無意識の差別』明石書店.）

■■■■ 研究コトハジメ：深夜のマクド ■■■■

　大学4年生の秋。深夜の大阪・難波で終電を逃した僕は、マクドナルドで卒論ゼミの先生から借りた本を読むことにした。そこで出会った理論が**文化の回路モデル**だ（Hall, du Gay, Janes, Negus 1997＝2000；石田 2000）。

　衝撃だった。なぜなら、何かを購入したり、ハマることがめちゃくちゃ複雑なプロセスで成り立っているのだと書かれていたからだ。たとえば、CMで描かれるSONYウォークマンのユーザーなどの「文化の担い手」の姿（表　象^{リプリゼンテーション}）は、実際に存在する人物を反映しているわけではない。その姿は「あなたはどんな**アイデンティティ**の持ち主になれるだろうか」と視聴者に魅惑的に問いかけ、誘い込もうとする**記号**によって**構成**されているという。

　とはいえ、視聴者全員がCMを同じように眺めるわけではない。CMをどのように解　釈^{デコーディング}するかは、個人の社会的属性に左右されるからだ。さらに、商品を手にした人々は企業が予想すらしていないやりかたで楽しんだり（流用・転用^{アプロプリエイション}）、仲間との帰属感を満たすために創造的に消　費^{コンサンプション}することもある。

　人々の反応はマーケット調査を介して商品・サービスの生　産^{プロダクション}に影響を与える。一方で、商品の使い道を取り締まる規　則^{レギュレイション}（公式ルールの制定や揶揄する言説など）によって人々の行為もアイデンティティも生産のあり方も変容することすらある。動きながら変転する過程のなかで「ハマる」という現象が起こったり消失したりするわけだ。自分の意志ひとつなどで決定されるものではまったくないのである。

　自分がハマり、好きだと感じ、いつの間にか心が離れていった物事をことごとく説明されたような感覚にしばし呆然とした。始発で家に帰り、しばらく寝てから、卒論ゼミの先生に大学院進学を相談したのだった。深夜にマクドナルドを見かけると、いつもこの夜を思い出す。

〈引 用 文 献〉

Hall, Stuart, du Gay, Paul（et.al.）, 1997, *Doing Cultural Studies: The Story of the Sony Walkman*, London: Sage/Open University Press（暮沢剛巳訳, 2000, 『実践カルチュラル・スタディーズ──ソニー・ウォークマンの戦略』大修館書店.）
石田佐恵子, 1998, 『有名性という文化装置』勁草書房.

「ここ」ではない「どこか」へ

都会と田舎をめぐる若者の物語を移動／越境から考える

2

　この本を手にした人のなかで、進学や就職をきっかけに、自分が生まれ育った場所から離れた経験をもつ人はいるだろうか。

　筆者は浜松にある小さな私立大学で5年ほど教鞭をとっているが、そのような岐路に立つ学生たちを見てきた。かれらのなかには「やっぱり東京で働きたい」という人もいれば、「進学で浜松に来たけど、いずれは地元に戻りたい」という人もいる。また、「ずっと浜松で生まれ育ってきたから、ほかの地域へ行くつもりはない」という人もいる。いずれにしても彼らにとって「卒業後どんな地域を自分の居場所として選ぶのか（どこで働くか）」ということは、「何をするのか（どんな職に就くのか）」と同様かそれ以上に重要なことらしい。

　新天地で生活を始める経験は、当然ながら個人にとって大きな刺激や影響を与えるものだろう。筆者自身、出身地である東京から浜松に、就職を機に移動してきた時は見慣れない風景、土地の名前、車中心の社会がとても新鮮だった。今では豊かな自然に恵まれたこの土地にも慣れ、そこで暮らす自分も好きだ。しかし時折、浜松で生まれ育った学生から「どうしてわざわざ、東京からこんなとこ（浜松）に来たんですか？」と、移動してきた意味を問われる時、私の眼に映る浜松とは違うものが見えているんだろう、と思う事がある。その学生は卒業後、「こんなとこ」を脱出して、どこへ向かうのだろう。

　本章では、とりわけ**若者の移動経験**を対象に、それがもつ意味について考えたい。たとえば地方から都会（田舎）へ「移動（上京）」することと、都会から地方（田舎）へ「移動」することは、若者にとってどのような違いをもつのだろう。あるいは、「移動しない」選択と経験をした若者は、そのことをどのように意味づけているのだろうか。本章では、漫画や小説に登場する若者の表象を例にあげながら、若者の「社会移動」と「地域間移動」について考えたい。その際、「田舎と都会」を理解の補助線として用いることにする。

1. 移動は「田舎から都会へ」から「都会から田舎へ」へ？

　まずは大人気マンガ『呪術廻戦』を例に、若者の社会移動をみてみよう。同書のメインキャラクターである釘崎野薔薇は、「呪術高専東京校」への進学を機に上京する。「呪術高専東京校」とは、人の負の感情からなる怪物（呪霊）を

祓う「呪術師」を育成する、4年制の呪術教育機関である。呪霊を祓う作業は常に死と隣りあわせであり、主人公の虎杖悠仁をはじめ呪術高専に入学する学生はさまざまな事情やしがらみを抱えており、ある者は自分が目覚めさせてしまった特級の呪いを滅するため、またある者は自分を虐げ続けてきた一族に復讐するため、悲壮な決意をして呪霊と戦っている。そんななか、彼女が入学を決めた最大の理由は、「田舎が嫌で東京に住みたかったから」というものである。釘崎野薔薇は、「呪術師になるために、東京へ行く」のではなく「東京へ行くために、呪術師になる」ことを選んだのだ。主人公の虎杖悠仁はその理由を聞き呆れるが、釘崎野薔薇は「私が私であるため」の大切な理由だと言い切り、盛岡まで4時間かかる「田舎」を捨て、文字通り魑魅魍魎が跋扈する「都会（東京）」で、命を賭した闘いへと突き進んでいく。

　釘崎野薔薇が選択した行動、すなわち田舎を出て都会を目指すといった、いわゆる「上京」は、戦後復興期にもみられた現象である。戦後復興期には、地方から都会を目指した若年労働者は「金の卵」と呼ばれ日本の高度経済成長を支えることを期待され、中学校を卒業した若者は集団就職で「就職列車」と呼ばれる汽車に乗って上京した。また成績優秀な者であれば、高等学校や大学への進学のため、立身出世の文脈で上京した。日本が近代国民国家としてしくみを整えていくなかで、ちょうど電車の「上り」と「下り」のように、都会、とりわけ「東京」とその他の地方都市は「上―下」あるいは「中央―周縁」として位置づけ直されていった。ゆえに「社会的なヒエラルキー（上下格差）をよじ上ろう、立身出世しようとする者は、つねに東京（都会）を目ざさざるをえなかった」（難波 2012: 205-206）。

　釘崎野薔薇は田舎にうんざりして都会を目指したが、2000年代以降になると、釘崎野薔薇とは真逆の価値観に基づいて、都市部から農村部へ移住する若者が登場するようになる。経済的な理由や家庭の都合により地元に戻る移住ではなく、脱資本主義的な生活を追求し、「ていねいな暮らし」にみられるような生活の質の向上を求める「ライフスタイル移住」を目指す若者である。2010年代後半以降、日本でも注

図2-1　ソトコト（2016年2月
　　　号、ソトコト・プラネット）

目されるようになった。こうした現象の背景には、環境問題やリーマン・ショックにみられる金融危機による価値観やライフスタイルの変容、また行政による移住促進の政策、『ソトコト』（図 2-1）や『TURNS』という移住を専門に扱うメディア雑誌の存在などがあるだろう（指出 2016）。

2. どこへでも行ける？フラット化 ＝ポスト・アーバン化する社会

　釘崎野薔薇の都会を目指す志向は、戦後復興期ならまだしも、「現代」においてはいささか「クラシック」であるといえるかもしれない。いずれにせよ、地域間の移動が「都市部→農村部」だったとしても「農村部→都市部」だったとしても、両者は、指出（2016）がいうように、「新しい価値観、新しい暮らし」を求めて場所を移動する人々であり、ベクトルの方向が違うだけで目指すものは同一だといえるだろう。

　しかし、筆者が暮らす浜松で指導する学生のなかには、そのどちらでもなく、（筆者の所属する大学の特性、また名古屋にも東京にも近い浜松という地理的特性によるのかもしれないが、）多くの学生が地元に残ること、浜松という地方都市で暮らすことを選択する人もいる。これはどういうことだろう。

　地元に残る理由は、学生らの言葉を借りれば、「だって Instagram で流行りはわかるし、欲しいものは Amazon かイオンで買えるし、LCC で安く日帰りで東京に行ける。わざわざ上京する意味がわからない」というものだった。どこにでも行けるからこそ、どこかを目指す必要がなさそうにすらみえる。また地元の社会関係資本をしっかりもっていて、相互承認と再生産のサイクルを回せているため、戦略的に地元を志向する人もいる。先ほどの学生が Instagram、Amazon、LCC を活用しながら満足した生活を手に入れられるように、地理的な移動を必然とせずとも、情報メディア・交通・流通、モバイル・テクノロジーの変革によって若者が欲望を満たすことは可能になった。新型コロナ感染症が拡大してからというもの、急速にそうした環境が整えられているようにみえる。

　あるいは、東京が若者を引きつける磁力が時代を経て衰えたともとらえられ

る。轡田は、『場所から問う若者文化——ポストアーバン化時代の若者論』（木村・轡田・牧野編 2021）で、大都市の「若者が集まる求心力の低下」を「フラット化＝ポストアーバン化」仮説を提示しながら説明した。

　「フラット化＝ポストアーバン化」を簡単にまとめると、以下の３つにまとめることができる。

　　　①オンラインにおけるコミュニケーションの増大とともに、web 社会の相対的な重要性が高まり、人口量の多さをメリットとしていた「（大）都市」のコミュニケーション的な特異性が失われた
　　　②大型ショッピングモールに代表されるあらたな都市インフラを中心とした商圏は、国土全体を包摂し、それによって、都市インフラが集積した「（大）都市」の特権性が失われた
　　　③若者の地域移動についてのハードルが下がり、社会の流動化が進んだ結果、「（大）都市」は創造的な若者文化の発信地であることの必然性が失われた
（轡田 2021: 166）

　ゆえに、私が出会ったような Instagram、Amazon、LCC で欲しいものを手に入れる、上京しない若者が出現したということか。また阿部真大は地方都市の郊外に並ぶイオンモールのような大型商業施設を「ほどほどパラダイス」と評し、「大都市のような刺激的で未知の楽しみがあるわけではないが、家の周り程退屈なわけではない、安心してほどほどに楽しめる場所」と説明している（阿部 2013）。そして地方都市の魅力が、「イオン的なところ」の増殖やモーターライゼーションによる地域社会の人間関係からの解放などによって上がり、若者にとって「ほどほどに楽しい地方都市」となったから若者が地方に「こもる」のだと論じる。野薔薇は自分の生まれ育った地域を「つまらない地方（田舎）」とみなし、「刺激的な大都市」を目指し東京へ向かったが、実のところ、その二項対立のあいだには、「ほどほどに楽しい地方都市」という選択肢が 2000 年代以降から割って入ったのだ。

　轡田は『場所から問う若者文化——ポスト・アーバン化時代の若者論』（2021）で、若者文化が生み出されるのは大都市の「若者が集まる街」であるという前提を問い直し、「若者文化論と都市論を切り離す」という試みをした。

若者はすでに特定の「場所」に縛られていないのかもしれない。けれど、どこかしらへと「移動」はしている（コロナ禍による地域をまたいだ移動が制限されていた時期でもなお、マイクロツーリズムやＶＲを利用したツアーの登場など物理的な距離に制限されない「移動」は、よりいっそう顕著になった）。すくなくとも、「彷徨う衝動」に近いものは、今ももっていると筆者は考える。ただ方向の矢印が、皆おなじに「具体的なある地点（「良き何か」や「権威ある何か」として象徴づけられている）」を目指さなくなった、というだけだ。

　なぜなら、轡田、阿部がとらえようとした、そして筆者が出会った若者にとっての「移動」はもはや、物理的／地理的な「移動」をすでに意味していないからだ。そうではなく、彼らはオンライン空間における情報や流通、グローバル社会化されたシステムを基盤として、彼らの物理／地理とも密接に連関しながら多種多様な「移動」を実現させている。世界のどこもかしこも、車による移動が可能になり、船は多くの食料品、資材、製品を輸送している。仕事の出張でも旅行でも、私たちはインターネットとモバイルフォンによって情報を確認しながら、飛行機や電車に乗る。さらには、そうした「移動」を支えるための二酸化炭素の排出によって気候変動も起きる。

　このように世界の「**移動 (mobility)**」が拡大するにつれ、私たちは「**モバイルな生**」を生きるようになる。アンソニー・エリオット（Anthony Elliott）とジョン・アーリ（John Urry）は、「移動」（モビリティーズ）を視点に社会をとらえ、「人々は、今日かつてないほどに『移動の途上』にある」と現代社会の生活全体が「移動の途上にある」生活、モバイルな生を生きていると指摘する。大規模な社会変動（たとえばグローバリゼーションやモバイル・テクノロジーの深化、気候変動など）が、地球規模で人、モノ、資本、情報、観念がますます移動するようになってきたことと関連しているのだという。さらに、そうしたことを前提として、私たち個人の日々の営みや他者との相互行為、**アイデンティティ**が形成されている。

◆ 3.│ さらに遠くへ、あるいは、ずっと地元のままで？

　今までの議論から考えると、つまり若者は自由になった、ということなのか？

物理的な地域間移動や地域社会のしがらみにとらわれず、輸送機関（インフラ）とインターネットを駆使して「モバイルな生」を謳歌しているのだろうか。

　筆者は、そうは考えない。すべての若者が場所に縛られず、行きたい場所へ自由に飛び回れるわけではないのではないか。エリオットとアーリは、「モバイルな生」は、移動できない者によって支えられていると指摘する。地元に残ることを選ぶ若者に話を戻すと、かれらは何かしらの制約（学力、経済力、家父長制など）で地元に残ることを選ぶ（選ばざるをえない）者も多い。

　『ここは退屈迎えに来て』という短編小説集がある。2018 年に橋本愛・門脇麦・成田凌のキャストで映画化された作品（図2-2）だが、地方都市で生きる10 代後半から 20 代後半のさまざまな女の子たちの日常を描いた群像劇だ。この物語で描かれる「地方」は、釘崎野薔薇の「田舎」とはかなり違う。三浦展が「ファスト風土」（2004）と呼んだ風景、たとえば広い駐車場を備えたラーメン屋、幹線道路のすぐ脇の田んぼのど真んなかにあるラブホテル、地方限定のファミリーレストランがこの物語の舞台だ。まさに阿部が「ほどほどに楽しい地方都市」と呼んだそのものだが、地方都市の生々しい描写とそこで生きる彼女らの心情と葛藤が綴られている。

　主人公の 1 人である「ゆうこ」はこの地方都市で、かなり自分をもてあましている。就職活動が嫌で大学院に進んだものの、狭苦しい人間関係に嫌気がさして研究室に顔を出すのも億劫になり、25 歳になるが博士論文の執筆を半年も書きあぐねている。ちなみに「ゆうこ」というのは、この主人公がオンライン対戦型ゲームのアバターで使用している名前であって、本名ではない。「ゆうこ」は逃避するように国道沿いにできたゲームセンターに通い、オンライン型のクイズゲームで全国のユーザーと夜な夜な対戦し、ぶっちぎりで優勝している。そして「ゆうこ」は、妄想の世界で夢見るもう一人の自分——世界的に活躍するフィギュアスケート選手——を胸に抱えながら、ずるずると地方都市からも大学村からも出られない。

　そう、「ゆうこ」は、地方都市にいながらも全国のユーザーと対戦し、妄想の世界ではいつも「華やかなフィギュアスケーター」として大空を羽ばたいて

図2-2　「ここは退屈迎えにきて」（2018）

いる。しかし、彼女はまったく自由ではない。「ここは退屈」だと思いながらも、博論も書けず次へ進む道も見出せず、「ここではないどこかへ」行くこともできず、郊外のショッピングモールにある大型の本屋で、立ちすくんでいる。

4. 「田舎 VS 都会」を超えて

　こうした若者の移動と、「田舎」と「都会」をめぐる議論について、カルチュラル・スタディーズの先駆者として知られているレイモンド・ウィリアムズは、次のように述べる。

　　緊張関係なるもの、緊張として経験される現在なるもののなかにおかれると、人はもろもろの衝動の分裂や葛藤、この未解決な状態を追認するために（…）田舎と都会の対比を利用するのである（Williams 1973＝1985: 392）

　つまり、時代ごとに変化する「田舎」や「都会」の意味するものの内実や歴史的変化に着目するのではなく、人々が自身の置かれた矛盾や葛藤にあふれた状況や、今後の人生の不透明な先行きを考える時に、「田舎と都会」という対比をもち出して「解決」をはかろうとする、という点を考えてみることが重要であると指摘している。

　彼自身もウェールズのパンディという寒村に生まれた。農夫の祖父、鉄道員の父のもとで育ったウィリアムズも、ケンブリッジ大学への進学を機にイングランドへ移動した「上京」の経験をもつ。牧草地の緑と耕地の土の赤がくっきりと対照を成す農業地帯でもあり、その後鉄鋼・石炭の産地としてイギリスの工業化を支えたウェールズという田舎から、ケンブリッジ大学を中心に作られた都会への移動という個人的経験に基づいて書かれた本が『田舎と都会』である。

　ウィリアムズは、「田舎／都会」の意味するものや、それらのイメージの虚偽性や変貌を暴くだけでなく、さらに一歩議論を進める。田舎につけ加えられたさまざまな観念、都会につけ加えられたさまざまな観念がどこにどう現れたのか、それが歴史的にどういう変化が生じているかを問うてみるだけでなく、これらの観念が、もっと大きな構造のなかでほかのどのような観念と関連し

あっているのかを問うてみることが有効である、と主張したのだ。

野薔薇の田舎への嫌悪、ほどほどに楽しい地方都市でくすぶる「ゆうこ」は、ともに「緊張として経験される現在なるもののなかにおかれ」ていることがわかるだろう。二人は、「『今、ここ』の現在地点」と「ここではない、遠くの地点」を、どのように見つめているのか。それを理解するためには、田舎と都会の対比や歴史的背景だけでなく、その眼から見える世界、つまり「まなざし」がどのように社会的に構造化され組織化されているのか、考える必要がある。いずれにせよ、若者が「ここではない、どこかへ」移動しようとすることを見つめる時、それ以上に「なぜ」移動しようという衝動にかられるのかを見つめることは重要だろう。

もちろん、「どこへ、どのように、誰が」移動するのかという視点も同様に重要であるが、若者が何に抗い、もがき、逃げ、そして何を獲得しようとするのか。ここではないどこかへ、という欲望を若者が抱え、今ある場所からどこかへ羽ばたく時（あるいは押し出される時）、その背景にどのような社会的構造が潜んでいるのか、その欲望が何によって形成されているのか、それらは彼らの自己にどのような影響を与えるのかこれからも検討されるべきだろう。

（清水　友理子）

〈読者のための文化紹介〉

＊高速道路を使わない長距離ドライブ：もしあなたが免許を持っていたら、目的地を決めずに、ぜひ遠くまでドライブしてみてほしい。できるだけナビやガイドブック、SNS に頼らず、あえて迷子になるのもいいだろう。ただ目的地へ行くための移動ではなく、「移動」する感覚そのものを楽しんでみよう。少しずつ変わっていく景色、匂い、街の雰囲気を自分の身体で感じるなかで、きっと新しい発見がある。

〈引 用 文 献〉

阿部真大，2013，『地方にこもる若者たち――都会と田舎の間に出現した新しい社会』朝日新聞出版．

芥見下々，2018，『呪術廻戦』集英社．

エリオット，アンソニー＆ アーリ，ジョン，遠藤英樹監訳，2016，『モバイル・ライブズ――「移動」が社会を変える』ミネルヴァ書房．

木村絵里子・轡田竜蔵・牧野智和編著，2021，『場所から問う若者文化――ポストアーバン化時代の若者論』晃洋書房．

三浦展, 2004, 『ファスト風土化する日本——効外化とその病理』洋泉社.

難波功士, 2012, 『人はなぜ〈上京〉するのか』日本経済新聞出版.

指出一正, 2016, 『ぼくらは地方で幸せを見つける——ソトコト流ローカル再生論』ポプラ社.

アーリ, ジョン, 吉原直樹・伊藤嘉高訳, 2015, 『モビリティーズ——移動の社会学』作品社.

ウィリアムズ, レイモンド, 山本和平・増田秀男・小川雅魚訳, 1985, 『田舎と都会』晶文社.

山内マリコ, 2012, 『ここは退屈迎えに来て』幻冬舎.

■■■ 研究コトハジメ：フィールドに出る一歩手前の準備：五感を働かせる ■■■

　観光地を歩いていると、「あ、ここは観光エリアとは違う区域だな」と察することがある。雑誌に載っているような小京都の美しい町並みが終わり、マンションのベランダに干された洗濯物や月極の駐車場、軒先に並べられた鉢植えから、「観光地が、観光対象としてあなたに見るよう促しているものは、ここから先はもうない」ということを読み取るのだ。

　観光空間が制度やメディアと関わりながらどのように形成されるのか、という問いは観光研究における重要なテーマだが、私がここで伝えたいことはもっとシンプルだ。つまり、「あ、ここは違う区域だな」「雰囲気が変わったな」と察知する感覚を高めよう、ということだ。それによって観光という文化的活動をより自由に楽しむことができるだけでなく、あなたがフィールドで調査する際にも、役に立つはずだ。

　フィールドワークについて書かれた本には「ノートをとり、見聞きしたこと、気づいたことを漏らさず、書き留めましょう」とよく記されている。だが実は、私はそのだいぶ手前から躓いた経験がある。はじめてフィールドに出かけた時、そもそも何に注目し、何を記述したらいいかわからなかった。目には何かしら映っているが、何を見たらいいか分からず、見知らぬ空間に居心地の悪さを感じたまま、ただぼうっと時間を過ごしただけで帰ってしまった。当然ノートも真っ白だった。

　もしあなたがフィールドワークの経験が浅く、私と同じように途方に暮れたら、ハードルをぐっと下げ、まずは観光客として、一人でどこかへ旅行してみてはどうだろう。とりあえず知らない場所にたたずむことに慣れ、五感を働かせながら移動の経験そのものを楽しむことをおすすめしたい。

　五感を働かせながら移動の経験そのものを楽しむ、というのは、歩を進めるごとに少しずつ変わっていく景色、匂い、手ざわり、雑踏の音…五感から得られる情報にアンテナをはることだ。そのためには、スマートフォンに頼らず旅をするのがおすすめだ。感覚が研ぎ澄まされ、たくさんのことに気づくことができるようになる。今自分をとりまく環境はもしや危険な場所ではないのか、標記や看板から得られるこの地域の特徴は何か……。そうしたレッスンのなかで、だんだんと通り過ぎていく情報を取りこぼさず収集できるなり、きっとあなたにしかない視点を発見でき、分厚いフィールドノートをとれるようになるはずだ。

奪い・奪われ・奪い返すスタイル
サブカルチャーとしてコギャルを読み解く

「みなさんって…仲良しグループっていうか…」

「仲良しかどうかはわかんないけどいつもつるんでるよ」

　これは、2018年に公開された映画『SUNNY 強い気持ち・強い愛』（監督：大根仁）のワンシーンである。1990年代中頃、淡路島から東京近郊に引っ越し、コギャルだらけの女子高校に転校した奈美。初日のホームルーム後、クラスメイトに「ダサい」身なりをいじられるが、遅刻してきた後ろの席の芹香に助けられる。なぜか芹香に気に入られた奈美は、なりゆきで梅・奈々・裕子・心──のちにSUNNYというグループ名がつく──がたまり場にしている教室でお昼をともにし、その後も彼女たちと一緒に行動するようになる。冒頭のセリフは、ルーズソックス、ミニスカート、カーディガン、細眉といったコギャル的要素は共通しているものの、性格や価値観が異なる彼女たちが一緒にいることを不思議に思った奈美が、芹香にこのグループの関係について尋ねるシーンで交わされたやりとりである。「仲良し」ではなく「つるむ」、それはいったいどんな関係性として成り立っているのだろうか。

1. サブカルチャーとは何か

　本作は、2011年（日本では2012年）公開の韓国映画『サニー 永遠の仲間たち（原題：써니）』（監督：カン・ヒョンチョル）のリメイク作品である。偶然再会した余命いくばくもない友人から昔の仲間に会いたいと言われ、その願いを叶えるために彼女たちを探し出す、というおおよそのプロットはそのままだが、主人公たちが高校生時代を過ごした年代が、1980年から1990年代に変更されている。大人たち（≒社会）が暗かった一方でティーン・エイジャーが底抜けに明るかった時代として、韓国の場合は1980年代、日本の場合は1990年代が採用された点が興味深い。

　1990年代の日本は、湾岸戦争の勃発、55年体制とバブル経済の崩壊、平成不況、オウム事件、阪神淡路大震災など、社会不安を煽る出来事が相次いだ時代であった。そんな状況下で登場したのがコギャルたちだった。佐藤（佐久

間）りかは、メディアにおける全盛期のギャルイメージを、社会を明るくする「カンフル剤」のような効果を果たしていたと指摘している（佐藤（佐久間）2002: 45-46）。彼女たちは、ヤミ市から文化の街へと変貌を遂げた渋谷にたむろし、渋谷に集積するありとあらゆるコンテンツを駆使して独自の文化を形成していた。本章では、コギャルを1990年代日本の**サブカルチャー**の重要なアクターとして検討していきたい。

■ 1. サブカルチャー研究概要

日本においてサブカルチャー（しばしば「サブカル」と略される）は、大衆文化やメディアそのもの、コンテンツ、より狭義には「オタク文化」を指す語として認識される傾向にある。一方学術語としては、サブカルチャーはなんらかの下位集団文化、つまり特定の価値観や行動様式、あるいは美意識を共有する小集団（下位集団）の文化を意味する。

サブカルチャー研究には大きく分けて2つの潮流がある。ひとつは**シカゴ学派**の都市社会学、もうひとつが**バーミンガム大学現代文化研究センター**（Centre for Contemporary Cultural Studies, CCCS）を拠点に行われたカルチュラル・スタディーズだ。都市をフィールドとした前者は、とくに一般社会と異なる価値観をもって行動する「逸脱」グループに焦点を当て、エスノグラフィを通して文化のダイナミズムを解釈しようとした。一方後者は、労働者階級の若者、とくに少年の文化に焦点を当て、彼らの文化的階級闘争の担い手としての可能性を見出そうとする共同研究を数多く行った。そこでは、50年代のテディ・ボーイズ、60年代のモッズ、ロッカーズ、スキンヘッズ、70年代のパンクス——こういったストリートを主戦場とするサブカルチャーを実践する集団は**族**（トライブ）と呼ばれた——などが研究対象となった。

日本のサブカルチャー研究のなかでも上記のような方法論や問題意識が共通している例として、1年間にわたって暴走族を参与観察し、彼らの文化実践の分析を試みた佐藤郁哉の『暴走族のエスノグラフィー』（1984）がある。また、英米での諸研究の蓄積が日本のサブカルチャー研究と有意義な接点をもちえていないことを指摘し、「作品ないしコンテンツとしてのサブカルチャーから、人々の実践（practices）としてのサブカルチャーへ」という視座転換をした上

で戦後日本の若者文化をとらえ直した難波功士の『族の系譜学』（2007）なども
あげられるだろう（難波 2007: 13）。

■ 2. フェミニズムの視点からみたサブカルチャー

　一方、CCCS に所属し、スチュアート・ホールのもとで学んでいた社会学者
のアンジェラ・マクロビー（Angela Mcrobbie）とジェニー・ガーバー（Jenny
Garber）は、それまでの若者文化やサブカルチャーが男性中心に描き出され、
少女や女性の実践が見過ごされてきたと指摘し、男性研究者自身が同一化しう
るサブカルチャーを対象に選んできたこと、公共空間にいる女性を排除してい
ることを批判した。マクロビーらはまた、ストリート以外に広がっているネッ
トワークの存在を無視していることも指摘し、たとえば自宅の寝室という私的
な空間を拠点に行われる少女や女性たちの文化実践——ベッドルーム・カル
チャー——を積極的に取り上げた（McRobbie & Garber 1976　ベッドルーム・カル
チャーについては田中 2012: 53-55 を参照）。

　また、コギャル文化についても、その文化について論じようとする際に参照
される頻度の高い先行研究のほとんどが男性研究者によるものであることは看
過できない。こうした背景をふまえ、マクロビーらが行ってきたようなフェミ
ニズムの視点からコギャルの文化実践を多角的に検討する必要がある。

■ 2.│ コギャルというサブカルチャー

　若者文化の多くはメディアによるラベリングによって生まれたといっても過
言ではない。コギャルもまた然りである。**ラベリング理論**をサブカルチャー研
究に応用したイギリスの社会学者スタンリー・コーエン（Stanley Cohen）は、
なんらかの事象がメディアや識者によって誤解や偏見を伴って誇張され、「社
会」が「正しい」道徳を守ろうとして対応策が講じられるまでの一連のプロセ
スを**モラル・パニック**（moral panic）と称して主題化した（Cohen 1972）。コーエ
ンは、モッズやロッカーズなどの若者たちの存在や行動が、メディア報道のな
かで「フォーク・デビル」（folk devil、民衆の悪魔）として逸脱者扱いされ、社会
問題として構築されていった過程を分析した。

難波功士や松谷創一郎（難波 2007: 松谷 2012）の研究によれば、日本において「**ギャル**」という語は 1970 年代に登場し、1980 年代に一般化したという。ギャルはしだいに低年齢化し（女子大生ブームは 1980 年代前半まで、1980 年代以降は女子高生ブーム）、やがて、女子高生を指す場合に使用されるようになったのが「コギャル」である。諸説あるが、18 歳以下が入店禁止であったディスコの黒服の隠語として高校生ギャル（コーギャル）が由来だとする説がしばしば採用されている。1992 年にはコギャルの元祖ともいえる「パラギャル（＝パラダイスギャル）」が渋谷に登場し、1993 年頃からマスメディア上で「コギャル」が使用されるようになった。そのように呼ばれるようになった女の子たちは、多くは男性誌や深夜帯のテレビ番組のなかでさかんに取り沙汰された。好奇もしくは性的なまなざしをもって迎えられた彼女たちは、ブルセラ（ブルマーやセーラー服などを高額で売買する「ブルセラショップ」の通称）や援助交際といった事象と積極的に結びつけられ、次第に社会問題化していった。

　サブカルチャー研究者のシャロン・キンセラ（Sharon Kinsella）は、日本のコギャル文化について、一部の文化人やジャーナリストが「コギャルは、世紀末の社会において主要な主体的力の宣言であり、ストリートから現れたポスト・フェミニズム・ムーブメントとして描いた」（Kinsella 2002: 233）と指摘し、社会学者の宮台真司の功績ほか、1997 年に公開された『バウンス ko GALS』（監督：原田眞人）、村上龍の小説『ラブ＆ポップ：トパーズ II』（1996 年）、インタビュー集『夢見るころを過ぎれば：村上龍 vs. 女子高生 51 人』などをあげている。

■■■ 3.｜スタイルをめぐる闘争と交渉

■■ 1. 記号や意味と戯れる若者たち

　成実弘至（2001）は、若者たちをメディアで取り上げることには両義性があることを指摘し、街なかに現れる若者たちとその文化（＝街頭型サブカルチャー）の本質は、「都市空間のなかで、みずからの身体を『見せる』ことで主体性を獲得し『見られる』ことで快楽をえる」（成実 2001: 116）という経験にあるとしている。そして、若者たちのアイデンティティの成立は、成員の出身階層や下

位文化的特質によって生じるというよりも、先にあげたような両義性、つまり特定の空間で「見せる（目立つ）こと」と「見ること」のあいだで生じているという（成実 2001: 117）。

こうした視線をめぐる争いにおいてもっとも大事なことは、自分が何者であるかを一目でわかる、目立つスタイルが必要だということだ。若者たちのサブカルチャーのファッションや音楽の嗜好、それにまつわる抵抗的なふるまい（＝**スタイル**）を読み解こうと試みたディック・ヘブディジ（Hebdige 1979＝1986）は、ロラン・バルトの記号論やレヴィ＝ストロースの**ブリコラージュ**（ありあわせの手段・道具でやりくりする「ブリコルール（器用仕事人）」の実践）、相同性を意味するホモロジーなどの概念を援用・参照しつつ、若者たちが記号やすでに書き込まれているものの意味を変形、再定義、逸脱させることよって、社会や権力側を挑発していると解釈した。たとえば、労働者階級であるモッズがホワイトカラーの社会的地位を象徴する装いであるスーツを着ること、パンクがナチス・ドイツのシンボルである鉤十字（ハーケンクロイツ）を用いる（暴力や否定性という記号的意味を流用）ことで、中流階級主導の社会に対するアンチテーゼを意味することなどがあげられる。

とはいうものの、ヘブディジは若者たちのサブカルチャーのスタイルに対してポジティブな見通しだけを強調したわけではない。ヘブディジは、若者たちのサブカルチャーのスタイルが商業主義（＝スタイルの簒奪）とイデオロギーによる操作（＝ラベリング）によってわかりやすい形に変換され、支配的文化へと統合されてしまうことに警鐘を鳴らしている。そうした懸念がある一方で、若者たちの、意味を奪い・奪われ・奪い返すといった絶え間ない応酬をしていく実践に着目する点にこそ、サブカルチャー「研究」の意義がある。

■ 2. ビジュアルコミュニケーションを介したスタイルの共有

コギャルたちの実践もまた、そうした応酬のくり返しととらえることが可能だ。コギャル創成期に高校時代を過ごしていた久保友香の解釈によれば、コギャルたちの装いの目的は「細部に変化をつけて、評価し合い、真似し合う、ビジュアルコミュニケーション」である（久保 2019: 74-75）。コギャルたちは制服という共通の「型」を押しつけられていた。その制限された「型」のなか

で、彼女たちは視覚的な情報を介してさまざまなスタイルを模倣しあい、異化をはかっていた。コミュニティの外（＝社会、大人たちの眼）からはその細部が判別できなくても、コミュニティの内部（＝コギャルたちの眼）では通用するコミュニケーションとして成立していたのだ。

　久保は、まだ『東京ストリートニュース！』や『egg』（ともに1995年創刊）といった高校生向けストリート系ファッション誌がなかった頃に高校生のあいだで流行（＝スタイル）を作っていたとされる「有名人高校生グループ」の一人からインタビュー調査をしている（久保 2019: 63-66）。そのインタビューから、初期のコギャルたちのあいだではスタイルが特定の誰かによって作られていたのではなく、コミュニティ全体で作り上げられていたものであり、それが横に拡散し、同じようなコミュニティの内部で流通していたという流れが確認できる。その後、前述した雑誌が創刊されると、ストリートスナップで発掘された「カリスマ（女子）高校生」たちが雑誌という媒体を通じてスタイルを作り、全国的にそのスタイルが広まっていくようになった。また同時に、「写ルンです」や1996年に登場する「プリント倶楽部」といった画像ツールを駆使して独自のメディア（プリ帳やフォトアルバム）が発展していったことも、見逃せない点である。

　こうしてコギャルたちは、コギャル間で流通するメディアとマスメディアによってラベリングされたイメージに反応する過程で「コギャル」について学習し、戦略的にその記号をも取り入れていった。つまり彼女たちは、他者の視線と交渉しながらコギャルとしてのアイデンティティを構築していったということもできよう。

■ 3. コギャルに「なる」：スタイルの習得と仲間意識

　以上の議論をふまえ、『SUNNY』の印象的なシーン、とくに主人公の奈美がコギャルへと変化していく過程を描いたシーンを紹介してみたい。転校初日、淡路島時代の制服を着て登校する奈美は、全員がルーズソックス、ミニスカート、カーディガンを羽織ったり腰に巻いたりしているというスタイルを見て呆気にとられる。その後、自分だけが異なるスタイルであることを恥じて両親にルーズソックスとカーディガンを買ってほしいとねだるものの、両親や祖

母が彼女たちのスタイルの意味をわかるはずもなく却下されてしまう。苦肉の策として無理やり引き伸ばして完成させた「ちびルーズ」と祖母が着ていた毛玉のついたカーディガンを着るという、誤ったスタイルを取り入れて登校するが、芹香たちに「努力は買う」と笑われてしまう。その後、かつては芹香たちの仲間だったが、ドラッグに手を出したことで仲違いした鰤谷を祖母ゆずりの罵り言葉で追い払ったことをきっかけに芹香らのグループに正式に加わることになった奈美は、彼女たちからコギャルのスタイルの指南を受けることになる。

この一連のシーンからわかることは、スタイルを習熟していない奈美が見様見真似でスタイルを取り入れようとしても破綻してしまうということである。つまり、ビジュアルコミュニケーションを介したスタイルにはある程度の訓練が必要なのだ。一見すると彼女たちのスタイルは画一的に見えるが、そのなかでもおのおののこだわりが込められている。付け焼き刃で真似したとしても、それはスタイルを共有しているとはいえない。

ここで本章冒頭の奈美と芹香のやりとりを思い出していただきたい。彼女たちの関係性を「仲良し」ではなく「つるむ」と表現したことがようやくしっくりくるのではないだろうか。つまり、仲良しであるという状態が先にあり、ゆえに同じスタイルを共有する、という順番なのではなく、スタイルを共有する者、もしくは共有可能だと認められた者同士が連れ立った結果として仲間意識が生まれる、ということである。

ちなみに、本作はコギャル文化の再現度の高さでも話題となった。これは、コギャル時代を演じるキャストたちに対して「コギャル講座」（エンドクレジットには雑誌『egg』創刊に携わった米原康正と「女子高生監修」として当時コギャルだった女性たちの名前が記載されている）が行われたことが大いに影響を与えていると考えられる。つまり、当時のコギャルがキャストの若者たちにスタイルを共有したことによって、彼女たちはまさにコギャルになったのだ。

◈ 4. 進化する（コ）ギャルスタイル

本章では、これまでのサブカルチャー研究のなかで参照されるキーワードを用いながら、コギャルを1990年代のサブカルチャーの重要なアクターとして

取り上げてきた。彼女たちは、一方でコギャル間で交わされたさまざまなビジュアルコミュニケーションを介してスタイルを共有し、そのまた一方でメディアによるラベリングを戦略的に参照しつつ撹乱していった。コギャルのブームが最盛期を迎えた1997〜1998年頃になると、高校卒業を迎えても「コギャル」性を維持したいという一部の女の子たちは、自分たちのことを「ギャル」と自称するようになっていった（松谷 2012: 184-185）。成実は「日本の族文化のアイデンティティの不確かさは、多くの場合サブカルチャーからの撤退が『卒業』としてつねに意識されている」とし、「若者たちのサブカルチャーとしての現役期間は限定されたものであり、対立しているはずの支配的文化・大人社会への移行はごく自然な過程とされている」（成実 2001: 117）と述べているが、コギャルたちの一部はそうならなかったのだ。卒業のない「ギャル」としてのアイデンティティを獲得した彼女たちは、ガングロ、ゴングロ、ヤマンバや「○○系ギャル」といったスタイルのみならず年齢の幅も広げていった。1990年代にとどまらず今も進化を遂げながら健在し続けるギャルの多様性と彼女たちの文化実践にどういった影響関係があるかは、ぜひ読者にも検討していただきたい。

　この視線による闘争は今の若者たちのあいだでも部分的に継承されているともいえるだろう。それゆえ本章で紹介した議論は、ほかのサブカルチャーの研究にも応用できるところが多々あるはずである。ぜひ自分の身近なサブカルチャーを読み解いてみてほしい。

（関根　麻里恵）

〈読者のための文化紹介〉
＊映画『SUNNY 強い気持ち・強い愛』（大根仁監督, 東宝, 2018年）：コギャル文化含め1990年代の雰囲気をつかむのには最適な映画。女の子たちの実践という視点から、リメイク元の韓国映画『サニー 永遠の仲間たち（原題：써니）』と比較検討してみてもよいかもしれない。
＊映画『サニー 永遠の仲間たち（原題：써니）』（カン・ヒョンチョル監督, CJ エンタテインメント, 2011年）：『SUNNY』リメイク元の韓国映画。本作では1980年代が舞台で文化状況も異なるものの、女の子たちの実践という視点から『SUNNY』との比較検討をしてみてもよいかもしれない。

＊マンガ『GALS!』（藤井みほな, 1999〜2002年『りぼん』（集英社）で連載, 全10巻）：それ
までのマンガのなかで周縁としてしか描かれてこなかったコギャルたちを主役にしたとい
う点で特筆すべき作品。詳細は「コトハジメ」に記したのでぜひ一読いただきたい。

〈引 用 文 献〉

Cohen, Stanley, 1972［2002］, *Folk Devils and Moral Panics: The Creation of the Mods and Rockers*,
　　Routledge.

長谷川晶一, 2015,『ギャルと「僕ら」の20年史——女子高生雑誌 Cawaii! の誕生と終焉』亜紀書房.

Hebdige, Dick, 1979, *Subculture: The Meaning of Style*, London: Routledge.（山口淑子訳, 1986,『サブ
　　カルチャー——スタイルの意味するもの』未来社.）

久保友香, 2019,『盛りの誕生——女の子とテクノロジーが生んだ日本の美意識』太田出版.

Kinsella, Sharon, 2002, "What's Behind the Fetishism of Japanese School Uniforms?", *Fashion Theory*
　　6(2)：215-237.

松谷創一郎, 2012,『ギャルと不思議ちゃん論——女の子たちの三十年戦争』原書房.

McRobbie, Angela and Jenny Garber, 1976［2006］, "Girls and Subcultures," Hall, Stuart and
　　Jefferson, Tony, eds., *Resistance through Rituals: Youth, Subcultures in Post-war Britain*, 2nd ed.,
　　London and New York: Routledge.

宮台真司, 1994,『制服少女たちの選択』講談社.

難波功士, 2007,『族の系譜学——ユース・サブカルチャーズの戦後史』青弓社.

成実弘至, 2001,「サブカルチャー」吉見俊哉編『知の教科書 カルチュラル・スタディーズ』講談社,
　　93-122.

佐藤郁哉, 1984,『暴走族のエスノグラフィー——モードの叛乱と文化の呪縛』新曜社.

佐藤（佐久間）りか, 2002,「『ギャル系』が意味するもの——〈女子高生を〉めぐるメディア環境と思
　　春期女子のセルフイメージについて」『国立女性教育会館研究紀要』(6), 45-57.

関根麻里恵, 2020,「『ギャル（文化）』と『正義』と『エンパワメント』——『GALS!』に憧れたすべて
　　のギャルへ」『現代思想　総特集フェミニズムの現在』48(4): 77-84, 青土社.

田中東子, 2012,『メディア文化とジェンダーの政治学——第三波フェミニズムの視点から』世界思潮社.

渡辺明日香, 2011,『ストリートファッション論——日本のファッションの可能性を考える』産業能率
　　大学出版部.

研究コトハジメ：『GALS!』が教えてくれたこと
：フィクション作品が与えた影響について

　筆者はコギャルの誕生とほぼ時を同じくして生まれた（1989（平成元）年生まれ）。幼いながらにも憶えているのは、メディアのなかでネガティブに語られ、嘲笑され、そして消費されていくコギャルたちだった。どこか「自分には関係のない人たち」として見ていた一方で、そんな扱いを物ともしない彼女たちの底抜けに明るい笑い声が印象に残っている。

　そんななか出会ったのが、藤井みほなの漫画「GALS!」であった。1998年から2002年まで月刊少女漫画雑誌『りぼん』で連載されていた本作は、渋谷を舞台にコギャルの寿蘭、山咲美由、星野綾を中心に繰り広げられる高校3年間の物語である。藤井はメディアで報じられるコギャルたちの一面的なネガティブイメージに疑問を抱き、「コギャルもさまざま」（藤井 1999: 41）であることを意味するものとしてこのタイトルをつけたという。援助交際やネグレクト、校内暴力やいじめといった社会問題を取り上げつつも、シリアス面とコメディ面の適度なバランスとテンポ感、親密な関係の多様さ、そしてなによりも蘭の「正義感」に共感と憧れをもって熟読していた筆者は、フィクションといえども個々のキャラクターにはそれぞれの「物語」があるということを知ることで、コギャルが「自分には関係のない人たち」ではなくなった（ギャルと正義感の結びつきについては拙稿（2020）を参照されたい）。杉本章吾（2014）は、「GALS!」以前の少女マンガにおいてコギャルが周縁的な立場として登場し、ネガティブなイメージを再生産するような表象がなされていたのに対し、「GALS!」ではコギャルが物語の中心に配置され、むしろポジティブなイメージに刷新されたと言及しているが、これは一読者として共感できるものであった。

　そんな原体験を今から思い返すと、程度の差はあれサブカルチャー研究の問題意識に近いことに取り組んでいたことに気がついた。用語や理論を知らずとも、私たちはすでにそうした問題意識をもって日々を過ごしているのかもしれない。

〈引 用 文 献〉

　杉本章吾, 2014,「『りぼん』における『コギャル』の受容と変容——藤井みほな「GALS!」を中心に」『文藝言語研究 文藝篇』(66), 33-60.

フレンチポップのなかの
ジェンダー構造

ラブソングにおける対抗的実践を読みとる

　私たちが日常において聴いているポップスでは、恋愛関係や誰かを愛する気持ちは主要なテーマであり続けている。マッチングアプリなどの出現によって恋愛の仕方は変わっても、ラブソングは今も昔も、恋愛模様を表象する芸術として人々のこころを魅了している。一方で、ラブソングによってもまた私たちの恋愛観は少なからず影響を受けているのではないだろうか。さらに私たちの恋愛観は、ジェンダーと切っても切れない関係がある。ジェンダーとは社会的・文化的に形成される性の差異のことだ。この章では、恋愛大国と呼ばれる（中島 2005）フランスのポピュラー音楽（いわゆるフレンチポップ）と、それをめぐる歴史や社会をみながら、恋愛をテーマにしたポピュラー音楽から見えてくるジェンダーの構造と、そこにおける（主に女性の）アーティストたちの対抗的実践を読み解いていきたい。

◼✛ 1.│フレンチポップのラブソングに見る男女の関係性

　フレンチポップと聞いてみなさんはどんな音楽を思い浮かべるだろうか。一口にフレンチポップといっても、そのジャンルは多岐にわたり、歌手の出身国もフランスだけではなく、ベルギーやカナダのケベック州など仏語圏を含むことが多い。ここではフレンチポップを「フランス語で歌われるポピュラー音楽」としてややゆるやかに定義する。

◼ 1. フランス女子たちの主体性

　現代フレンチポップを日本のラブソングと比較した時、そこに投影されている恋愛にはいくつか特徴があるようだ。その最たるものとして女性の主体性があげられる。女性ミュージシャンが歌うラブソングでは、女性が男性に対して従属的な立ち位置に置かれることはない。たとえば、2021 年フランスにおいて Spotify の配信でもっとも再生されたアーティストであるマリ系フランス人

の hip-hop ミュージシャンアヤ・ナカムラは、楽曲のなかで「自身のアイデンティティを確立した」女性像を全面的に展開する。若者のスラングを積極的に歌詞のなかに取り込み、挑戦的な女性たちを演出した彼女のミュージックビデオ（MV）は、現代のフランス人女子たちのリアルを生き生きと表現しており、若い層から絶大な人気を得ている。よりポップなジャンルにおいてもこのような女性像は根強い。幅広い年齢層から近年支持を得ている Pomme もまた、そのような主体的な女性像を描く。Pomme の楽曲は抽象的なテーマを取り上げたものが多いが、恋人なしでも自分は前に進むというような気丈な女性像も頻繁に描かれている。相手との恋愛関係があって今の自分がある、というような恋愛がみずからの**主体性**を構築する糧になるといった語り口が多い日本のラブソング（中條 2021）とは異なり、現代のフレンチポップスでは、恋愛において主人公の主体性は先立って確立されている。

◾️ 2. 男性視点で女性蔑視を表現する

恋愛における**ジェンダー構造**をより鮮明に取り上げた楽曲も少なくない。みずから MV を制作し、YouTube 上で人気を誇る Joanna は、男性が女性にわいせつ行為をするのは性的な欲求を起こさせる女性側に責任があるという男性たちの論調を、皮肉を込めて表現する。一見ゆったりとしたバラード『Pétasse（あばずれ）』（2020）は、魅力的な女性を侮辱する男性の言説をそのまま歌詞に反映しており、性暴行を想起させる衝撃的な MV はフランスの音楽シーンで評価を得ている。

男性の女性蔑視を男性視点から描く実践は、フランス音楽界期待の新人エレクトロ・ラッパー Suzanne の作品にも頻出する。彼女の楽曲『SLT（やあ）』（2020）は、路上や職場などで横行するセクシャルハラスメントやモラルハラスメントをシニカルに描くだけでなく、**セクシズム**が蔓延する環境に耐え、生きのびざるをえない女性たちを「落ち着いて闘って」と鼓舞している。このような楽曲がフランスにおいて支持を集めている一方、日本の女性シンガーの楽曲にも男性視点のものは多々あるが、あえて男性によるセクシズムを赤裸々に歌ったものは少ない。

■ 3. LGBTQIA+ に向きあう

従来のラブソングは 異 性 愛 （ヘテロセクシュアル）の視点を中心としてきた。しかしここ数年、その観点に囚われないフレンチポップの台頭もみられる。たとえば上述の Joanna や Suzane は女性の主人公がほかの女性に惹かれる思いを描き（『Séduction（誘惑）』Joanna 2020、『Anouchka（アヌーシュカ）』Suzane 2020）、一方で Pomme はみずからの性的指向を**カミングアウト**しており、子どもが欲しいがその実現は困難である同性愛女性の葛藤をうたっている（『Grandioise（雄大）』2019）。同性愛に対する社会の無理解を取り扱った楽曲も増えつつある（『On brûla（焼き払え）』Pomme 2017、『P'tit gars（坊や）』Suzane 2020、『Omowi』Aloïse Sauvage 2020 など）。

■ 2. | 現代フランスとフェミニズム

フレンチポップにおいてこのような恋愛表象が広く普及しつつある背景には、ジェンダーをめぐるフランス社会の変遷、**フェミニズム**の歴史がある。フェミニズムはその台頭から現在まで同じ様相であったわけではない。フランスにおいて、またアメリカや日本においても、それは第一波、第二波、第三波と、その運動の争点を広げながら発展してきた。18 世紀末に起こった第一波は主に女性の権利を主張するもの、1960 年代から 80 年代くらいにわたる第二波は**セクシュアリティ**の解放や**女性表象**など、「それまでは個人的なこととして議論されなかった不平等」（北村 2020: 49）の問題提起を積極的に行うものが中心であった。そして 90 年代から 00 年代に至る第三波においては、（消費）文化の中における女性の主体的ありようなどが問われ、運動の議論の対象はさらに広がってきたのである。

そして、アメリカと同様フランスでも、その後 00 年代に入るとフェミニズムにおいて議論されるテーマがさらに多様化する。すでにアメリカでは広がりつつあった**ブラックフェミニズム**（フランスではアフロフェミニズムという）を中心としたインターセクショナリティや、LGBTQIA ＋などがより活発に議論されるようになる。00 年代後半は活動の媒体としてインターネットも台頭する。ブログやホームページ、SNS などを利用し情報やみずからの主張を発信するフェミニスト団体が増え、また個人として発言するフェミニストたちも活躍す

るようになる。2017 年 #MeToo 運動が全世界で盛り上がると、フランスでも SNS 上の運動『#Balance ton porc』が展開され、その Tweet 数は 50 万件にも上った。Balance ton porc は訳すと「豚野郎を叩き出せ」。これは、みずからを不快な目に合わせた男性たちを（SNS 上で）公開処刑せよ、ということを意味する。インターネットなどを主流の表現・普及媒体とした現代のフェミニズムをすでに「第四派」の到来とする見方もある。

　文化領域においても 00 年代以降フェミニズム的な観点は重要な位置を占めている。2006 年、フランス文化通信省は文化領域における男女平等に関する報告書を提出し、さらに 2013 年より、各業界における女性重役の割合や給与の格差などを統計に出した芸術文化領域におけるジェンダー平等に関する報告書（Ministère de la Culture 2013=2019）が毎年発表されている。現代のフランス社会において、フェミニズムの議論は芸術文化の世界でも無視できないものとなっている。

　これらの運動に対してフランスにおいても「女性の権利は認めるがやはり男性よりも前に出るべきではない、女性の権利を擁護しすぎると何も言えなくなる」と主張する「**アンチフェミニズム**」と呼ばれる世間の反応、反論は政治や学術、文化やインターネットの領域において後を絶たない。しかし、そういった嫌悪や批判に直面するたび、現代のフェミニストたちはその経験を共有し、議論を重ね、そしてあらたな運動へと発展させているのである。

3. アンジェルの『Balance ton quoi』に見る実践

1. ミリオンヒット『Balance ton quoi』

　ここで、この現代フェミニズムの実践として、音楽、歌詞のみならず象徴的な映像を効果的に用いたフレンチポップの表現を紹介したい。2018 年に発表されネット上で瞬く間に人気を博し、YouTube における視聴回数が 1 億回以上（2019 年時点）のミリオンヒットとなった、ベルギーの歌手アンジェルの作品『Balance ton quoi（あんたのそれ叩き出しな）』(2018) である。Balance ton quoi とは前述の「Balance ton porc」をもじったもので、porc を quoi（英語の what に相当する）に置き換えることで、フェミニズムを示唆しながらも解釈に

余白を残している。

　アンジェルは歌詞の冒頭から「2018年になっても奴ら（男性）は獣みたいに「雌猫」（女性性器の意）の話ばっかで辟易する。私は動物以上だよ」と挑戦的だ。歌詞は「ラッパーじゃなくても汚い言葉だって使えるし、普通の女子がそれをしてもいいよね」と続き、コミカルながらもセクシズムを糾弾する批判が続く。サビでは、「私、感じのいいことは言わないからラジオには出られないかもね」と、主張の強い女性の姿勢を嫌う社会を揶揄したりもしている。YouTube 上で1億回近く再生された（2021年8月参照）MV はピンク色が基調の可愛らしいポップな演出だが、後半では「アンチセクシズムアカデミー」という架空の学校が舞台となり、「生徒」たちが性的同意の問題性について学ぶシーンが描かれる（映画『イブ・サン・ローラン』で主演を務めたピエール・ニネといった有名俳優も「生徒」として参加している）。この「学校」で男性同士が口論し始めるという展開になるのだが、ほかの女性生徒がそれに介入しようとすると、口論していたはずの男性同士は即座に結託しその女性を議論から排除してしまう。典型的な男性のミソジニーとホモソーシャルを滑稽化し皮肉った表現である。

■ 2. アンジェルとポピュラーフェミニズム

　アンジェルのこれらの表現には、ジェンダー表象がコミカルに描かれながらも日常における男女の支配／被支配の構造が明確に表現されており、それがオーディエンスの注目を集めた。この実践は「ポピュラーフェミニズム」という形態のひとつとみることができる。ポピュラーフェミニズムとは、セレブリティ文化やメディア、市場原理を重視する資本主義と親和性の高いフェミニズムである。セクシズムに真っ向から対抗するというよりは、「感じのいい」（田中 2020）立ち位置で、私たちの日常にフェミニズムをめぐる議論の場を提供する（Banet-Weiser 2018）フェミニズムの形態である。このポップなフェミニズムは、多くの人の感性に訴えかける大衆性をもっている一方で、フェミニズムを市場経済に巻き込み、その概念を単純化し、議論を形骸化させてしまう可能性もあるという両義性がある。この点を鑑みると、『Balance ton quoi』における表現もまた、そのフェミニスト的な主張が広く受容される一方で、商品化さ

れ、市場の中に回収されてしまう危険性を孕んでいる。

　しかし、ポピュラーフェミニズム的な表現の両犠牲を考えるにあたって注目に値するシーンが『Balance……』にある。「アカデミー」の男子生徒たちが、女性の乳房のかたちをした錘（おもり）を体につけられ、女子生徒の前で「女性身体でのマラソン体験」をさせられるというシーンである。ここで、観客である女子生徒たちは「胸が重たい」男性たちを馬鹿にするように囃し立てる。そう、これは胸のある女性が走るのを男性がからかう情景を逆さまにした情景だ。そこでは、男性が滑稽化され、女性が視聴者に不快な印象を与える。

　MV のなかの女性表象研究においてグッドウィン（1992）は、多くの MV で女性の身体は男性視点から「見られる」性的対象として扱われてきたと指摘した。またゴフマン（1976）は、広告の女性表象研究を通し、写真や映像などにおけるジェンダー示唆的な表象がジェンダーのステレオタイプを強化させるとした。「Balance……」もまた、そういった女性表象をアイロニカルに表現している部分がある。しかしこのシーンにおいては、「見られる」対象（走者）は男性（身体）となり、同時に、ゴフマンの指摘するようなジェンダー示唆的な表象（女性の胸、囃し立てる男性）は転倒している。この倒錯した情景は一見笑いを誘うが、その見せ方に違和感、あるいは不快感を覚える視聴者もいるだろう。では、その笑いや違和感や不快感はどこからくるのだろうか。

　ジュディス・バトラー（Judith P. Butler）によると、ジェンダーのアイデンティティは、社会におけるジェンダー規範的な行為が主体によってくり返し行われることにより構築される（Butler 1990＝2006）。そのジェンダー意識の構築は、その根底にある文化社会構造を主体に意識させることなく、内省的に主体性（エージェンシー）として発展する。私たちは自分自身と社会のジェンダー規範との相違を内面化しながらジェンダーアイデンティティを確立しているのだ。つまり私たちがこのシーンを見て感じる滑稽さやむず痒さは、無意識に「胸が重そうに走る女性」とそれを「囃す男性」の表象を「（不快だが）よくある」ジェンダー表象として受容していることの証左であり、その「自然な表象」が裏切られたことに対する「戸惑い（トラブル）」なのである。

　アンジェルはこのシーンを通し、晒される女性の身体をあえて男性身体に置き換えて表現することで、送られたメッセージを逆説的に読む「対抗的読み」

（Hall 1980）を促すしくみを作り出している。それにより、誰にとっても耳触りのいいポピュラーフェミニズムの形態に若干のノイズを起こしている。

■ 4. | 結論（づけないために）

アンジェルのこのような重層的な「読み」を促す実践は、冒頭に紹介したほかのミュージシャンたちによっても行われている。そのような実践がフレンチポップスに増えつつあるのはやはり近年のポピュラーフェミニズムの影響が大きいが、それを支えているのは、文化領域においても恋愛のなかのジェンダー構造に真摯に向きあってきたフランス社会の歴史がある。

では、日本はどうだろうか。近年大森靖子やZoomgalsのラッパーたち、和田彩花やCHAIなど、ジェンダー規範に対抗する女性ミュージシャンは増えつつある。彼女たちは、何を、どのような方法で訴えているだろうか。そして、どのような社会・歴史的背景がその表現にあるだろうか。

本章ではアンジェルのMVのひとつの読み方を提示したが、みなさんもぜひ、好きなアーティストの歌詞やMV映像を自分なりに解釈してみてほしい。そして、その解釈は何に由来し、なぜその解釈に至ったかを改めて考察してみよう。そこには、あなたを取り巻く社会の一側面が見えてくるはずだ。

（中條　千晴）

〈読者のための文化案内〉
＊映画『キューティーズ！』（マイモウナ・ドゥクレ監督, Netflix, 2020）：フランス郊外に住むムスリム家庭の少女が、ダンスグループとSNSを通し社会（転校先）に居場所を探す物語。女性が下位に位置する伝統的価値観と、みずからのセクシュアリティの解放とのあいだで葛藤する少女の成長を描く。
＊グラフィックノベル『21世紀の恋愛──いちばん赤い薔薇が咲く』（リーヴ・ストロームクヴィスト作, よこのなな訳, 花伝社, 2020）：スウェーデンに住む作者が、レオナルド・ディカプリオの恋愛像をモチーフに、現代の私たちの恋愛のありようをフェミニズムの視点から分析する。

〈引 用 文 献〉

Banet-Weiser, Sarah, 2018, *Empowered: Popular Feminism and Popular Misogyny*, Duke University Press.

Bazin, Apolline, 2019, "Joanna, la jeune femme fatale de la pop française," *Manifesto.XXI*, 18 September, https://manifesto-21.com/joanna-interview/（2021 年 11 月 9 日閲覧）.

Butler, Judith, 2006（1990;1999）, *Gender Trouble: Feminism and The Subversion of Identity*, Routledge.

Blandin, Claire, Lévêque, Sandrine, Massei, Simon, Pavard, Bibia, 2017, "Présentation. Féminismes et médias: une longue histoire," *Le Temps des médias*, 29（2）: 5-17.

中條千晴, 2021,「二一世紀のラブソング——現代日本のポップソングの恋愛表象についての一考察」『現代思想　特集〈恋愛〉の現在』49(10): 183-193, 青土社.

Goffman, Erving, 1976, *Gender Advertisements*. Harper & Row.

Goodwin, Andrew, 1992, *Dancing in the distraction factory: Music television and popular culture*, University of Minnesota Press.

Hall, Stuart, 1980, "Encoding / Decoding.", Hall, S., Hobson, D., Lowe, A., and Willis P. eds. *Culture, Media, Language: Working Papers in Cultural Studies, 1972–79*, Hutchinson, 128–138.

北村紗衣, 2020,「波を読む——第四波フェミニズムと大衆文化」『現代思想　総特集 フェミニズムの現在』青土社, 48(4): 48-56.

Blanc, Aurélia, 2021, "Les femmes font sa fête à la musique", *Causette*, No.123, June 21, https://www.causette.fr/culture/musique/les-femmes-font-sa-fete-a-la-musique（2021 年 11 月 9 日閲覧）.

Briand-Locu, Marie, and Bureau, Eric, 2020, "Homosexualité: Angèle, Hoshi... les chanteuses brisent un tabou," *Le Parisien*, 19 September, https://www.leparisien.fr/culture-loisirs/musique/homosexualite-angele-hoshi-les-chanteuses-brisent-un-tabou-19-09-2020-8387709.php（2021 年 11 月 9 日閲覧）.

McRobbie, Angela, 2009, *The aftermath of feminism: Gender, culture and social change*, Sage Publications Ltd.

Riot-Sarcey, Michèle, 2008, *Histoire du féminisme*, La découverte.

Ministère de la Culture, 2013=2019, Observatoire de l'égalité entre femmes et hommes dans la culture et la communication.

中島さおり, 2005,『パリの女は産んでいる〈恋愛大国フランス〉に子供が増えた理由』ポプラ社.

Salamé, Léa, 2020, "Aya Nakamura : Je ne suis pas née en guerrière mentale comme ça, non !," *France Inter*, December 27, https://www.franceinter.fr/emissions/femmes-puissantes/femmes-puissantes-27-decembre-2020（2021 年 11 月 9 日閲覧）.

田中東子, 2020,「感じのいいフェミニズム？——ポピュラーなものをめぐる、わたしたちの両義性」『現代思想　総特集 フェミニズムの現在』48(4): 26-33, 青土社.

■■■ 研究コトハジメ：ポピュラー音楽を分析する ■■■

　ポピュラー音楽は社会を映す鏡であるとよくいわれる。では、気になるアーティストのうたや、話題になっている楽曲を分析したいと思った時、あるいは、音楽の様相から社会をみたいと思った時、何をすればいいのだろうか。

　ポピュラー音楽を研究するという時に、まずぶち当たる壁はその分析方法だろう。サイモン・フリスは、ポピュラー音楽を構成する要素として「歌詞、音楽的なレトリック、声」の３つをあげている。一口にポピュラー音楽を分析するといっても、さまざまな角度から重層的に取り扱う必要があるのだ。分析対象の選び方も重要だ。あるアーティストの曲の分析をする場合は、（年代などある程度対象を限定する場合を除き）そのアーティストの曲をすべて網羅する必要がある。

　作品の分析も単純ではない。たとえば歌詞の分析は、テクストと作家（ここではアーティスト）は独立していると考える作品論的な見方もあれば、逆に作家の社会的背景や人格などを考慮する作家論的立場もある。とくに日本語の歌詞の場合、主語がなかったり、ミュージシャンは女だが、「僕」という主語を用いるといった、歌詞の主人公のジェンダーが歌い手と一致しない「Cross Gendered Performance」という表現もあるため、それだけさまざまな解釈が可能になる。加えて、歌手の声や曲調などといった音楽学的分析や、MVやコンサートにおける身体パフォーマンスなども考慮できると、より分析に厚みが出てくるだろう。

　そして音楽制作をめぐる経済・社会環境も考慮する必要がある。ある楽曲はどのような過程を経て世に出ていき、そこにどのような作業が存在するのか。あるいは、ある曲が注目を浴びる背景には、どういった社会的文脈があるのかを丁寧に関連づける必要がある。このようなさまざまな観点から多角的に分析することで、ポピュラー音楽と私たちの社会をつなげて考えることが可能になる。

　重要なのは、「正解は存在しない」という前提で、音楽芸術の解釈の地平にいどむことだ。芸術の評価は普遍的なようにみえて、実は相対的で社会的だ。一方で、文化研究はそういった芸術におけるなんらかの普遍性を提示するものである。言い換えれば、相対的なものからどう普遍性を読みとっていくのかに、文化研究の醍醐味がある。そんな思いで、ぜひ身近なポピュラー音楽を研究してみてほしい。

5

レズビアン存在の剝片化に抗して

『作りたい女と食べたい女』を読む

　「LGBTQ」という言葉を聞いたことのある人は多くなってきただろう。また、ＴＶ番組や広告に異性愛者ではないことを公言する人が出てくることも増えてきた。しかし、日本ではとくに LGBTQ のようなセクシュアル・マイノリティの権利は十分に保証されているとはいえない。海外の映画やドラマでは急速にセクシュアル・マイノリティの描き方が良いほうへ変化しているが、日本ではどうだろうか。筆者はコミック『作りたい女と食べたい女』に注目し、現在の日本の社会的状況もふまえながらセクシュアル・マイノリティの描かれ方がどのように変化してきたのか、今後どのようなものになり得るのかを示したい。

1. セクシュアル・マイノリティの 存在・アイデンティティ・権利

　「セクシュアリティ」という言葉は 1800 年代から使われるようになった（竹村 1997）。人が他者やものに対して感じる性幻想、性行為、性的欲望など広範囲に及ぶ概念であるが、この「セクシュアリティ」という概念自体も性倫理によって性器＝生殖中心に構造化されてきたという経緯がある。一般的に「セクシュアリティ」というと、セクシュアル・マイノリティのみ扱っているように思う人もいるかもしれないが、それは誤解である。本来は異性愛、マジョリティの性のあり方も含めたテーマを扱うものである。

　かなり簡単にではあるが説明すると、**LGBTQ** はレズビアン（Lesbian）、ゲイ（Gay）、バイセクシュアル（Bisexual）トランスジェンダー（Transgender）、クィア（Queer）の頭文字を取ったものだ。レズビアンは自分を女性と自認している人で、同じ女性を自認している人に性的にあるいは恋愛対象として、もしくは両方の魅力を感じる人のことをいう。この「女性」の部分が「男性」に置き換えればゲイ、「男性・女性両方」がバイセクシュアルだ。Ｑのクィアは、エイズ禍のさなかにテレサ・デ・ラウレティスによって提唱された言葉で、マイ

ノリティ間の違いを認識しつつも、連帯の可能性を模索していく姿勢を示していたが（ラウレティス 1998）、現在はセクシュアル・マイノリティ全体を包含する概念として使用されることが多い。またQには「クエスチョニング（questioning）」というような、自分のセクシュアリティがわからない、また明らかにしたくないという人たちも含まれている。

　同性間の親密な関係や性愛はどの時代にも見られたが、現在のようなゲイ・アイデンティティは「普遍的なものというよりも、歴史的にみて特殊なものである」（デミリオ 1997: 145）とジョン・デミリオは論文「資本主義とゲイ・アイデンティティ」で述べ、ゲイ・アイデンティティが存在できるようになった大きな要因として資本主義の勃興と発展を挙げている。しかし、竹村和子は男性同性愛という意味のゲイと、レズビアンの状況は異なったと述べる。なぜならば、性欲望を有する主体として経済的・社会的基盤が整えばすぐにアイデンティティをもつことのできたゲイとは異なり、**レズビアン・アイデンティティが存在できる**ようになるには、女性を性の主体とみなさなかった「正しいセクシュアリティ」という倫理感がある程度綻ぶまで——具体的にはアメリカでは消費社会が出現しはじめる 20 世紀初頭まで——待たなければならなかったからである。**「正しいセクシュアリティ」**とは生殖を目的として性器＝生殖を中心とし、終身的な単婚（生涯一人の異性と添い遂げること）を前提としている。当初は白人中産階級から発し、世界的に影響を与えている性的な倫理感である。この「正しいセクシュアリティ」において「産む」性である女性の身体は子宮に収斂され、女の快楽もまた（性器の）挿入行為を中心に構造化された（竹村 1997）。そしてまた、女性の身体的構造——さらにいえば膣の形状——から、受動的であると解釈され性的欲望の主体となることは想定されていなかった（Welter 1966=1986）。

　このような考えは、少なくとも日本ではあまり変わっていないように思える。諸外国と比べ、中絶や避妊の手段がかなり制限を受けているなど、性をめぐる女性の身体の自己決定権は著しく制限されており、女性の身体は生殖のために「活用」されはするが、尊重はされていないように思えるからだ。

　さらに日本におけるセクシュアル・マイノリティの権利獲得は進展が遅い。同性婚の権利獲得に関しては 2023 年 2 月現在、34 の国・地域で同性婚が可能になっている（Marriage for All 2020）。東アジアでは台湾において 2019 年 5 月に

可能となった。日本では 2019 年 2 月 14 日、性別を問わずすべての人が結婚できるようになるための訴訟が札幌、東京、名古屋、大阪で始まり、同年 9 月には福岡でも始まった。そして 2021 年 3 月 17 日札幌地方裁判所で、同性婚を認めていない現在の法律が憲法違反であるとの歴史的な判決が下された。パートナーシップ制は日本の各地方自治体で認められつつあり、2015 年 11 月の渋谷区と世田谷区を皮切りに整備が進められ、2023 年 7 月現在、278 の自治体で認められている（「みんなのパートナーシップ制度」https://minnano-partnership.com/）。しかし、パートナーシップ制度は結婚制度代替となりえるほど、同性カップルの権利を保障してくれるわけではない。たとえば異性愛の婚姻関係と同様の税制度、親権、遺族年金などの恩恵を得られるわけではない。

　セクシュアル・マイノリティのなかには異性愛者と同じような制度を望むのではなく、自分たち独自の生のありようを追求するべきだとする意見も一定程度存在するものの、制度的には平等であった上で独自の生のありようを望むこともできるはずだ。日本ではセクシュアル・マイノリティに、異性愛者が当たり前に享受している権利が与えられていないということは忘れてはならない。

2. ポルノ、そして「百合」から「レズビアン」の表象へ

　セクシュアル・マイノリティと「女性」のカテゴリが交わる部分にはレズビアンの存在がある。レズビアンは異性愛の性規範や女性に抑圧的な性倫理によって、幾重にも抑圧されてきた。本項からは、近年のメディアにおける「女同士の親密な関係性」の表象について述べる。その一例としてあげるのは、ゆざきさかおみ作のコミックス『作りたい女と食べたい女』（以下「つくたべ」と表記）である。つくたべは 2021 年 1 月より Comic Walker にて連載されており、2023 年 6 月に第 4 巻が発売された。料理が趣味だが小食な女性野本ユキが、同じ階に住む大食いの女性春日十々子（ととこ）に、料理を食べてもらうというストーリーだ。なかでも 2021 年 9 月 17 日に更新された第 16 話は、野本がレズビアン・アイデンティティを自認するという回で話題を呼んだ。この回では、「レズビアン」をネット検索するとポルノグラフィ的に消費されるレズビアンの存在がヒットし

野本がげんなりする描写がある。この回は、本編前にレズビアンに対しての社会的偏見が描写される旨の注意書きを含んでおり、当事者への配慮という面からみても、よく考えられている。また自分が異性愛の若い女性として「あるべき」型にはめられる経験を、溶けてしまった自分自身がクッキー型に成型される比喩として用いており、漫画表現としても秀逸である（ゆざき 2022: 110-111）。

杉浦郁子は、日本の「女性同性愛」の歴史を 3 期に分類している（杉浦 2019）。1910 年代から 1930 年代までは「女学生」間の親密な関係が「同性愛」という言葉とともに「発見」され、「問題化」されていった時期とされる。戦後から 1960 年代までは、女性同士の肉体的な接触が自明視されることになった。そして、1960 年代後半の男性向け雑誌によって、「レズビアン」という名称により「女性同性愛」はポルノ化されていった。なおこのポルノ表象におけるレズビアンは、海外と同様、異性愛的な欲望に沿うような女性にみえるレズビアンである。一方でレズビアン・バーで働く男装の「オナベ」もレズビアンと結びつけられていた。

1970 年代から 1990 年代初旬には、レズビアン・アイデンティティをもつ女性たちが首都圏でネットワークを形成した。そのなかでレズビアンの存在やアイデンティティの模索が行われていくのである。杉浦は丹念に『れ組通信』や『LABLYS』等の会員限定の会報やニュースレターの言説を分析しているが、1990 年代半ばには、「自分のことを男と思っているオナベやタチ」とレズビアンの分離がなされ、当事者間で「『レズビアン』の意味が安定化した」（杉浦 2019: 44）という。

1990 年代日本でレズビアンとしてカミングアウトした掛札悠子は、レズビアンの存在は「マイノリティとしてのカテゴリー」ではなく、「不可視性」の問題として語られるべきだと述べている。日本では、レズビアンはその存在を認められることがなく、せいぜい異性愛関係、そして結婚へと至る「一過性の存在」としてみられているにすぎないというのだ（掛札 1992: 104）。堀江有里はレズビアンに対してこのような①存在自体が社会のなかで認識されないという不可視性に加え、②過剰に性的な意味づけをされてきたイメージという一見矛盾する困難が付随すると指摘している（堀江 2014: 79）。

女同士の親密な関係性は、19 世紀までは女性が性的欲望の主体とは考えら

れていなかったがゆえに問題化されることがなかった。(Faderman 1992=1996)。消費社会がある程度成熟し、「レズビアン・アイデンティティ」が存在するようになることはつまり、レズビアンが性愛化されたことと同義であった。その効果としてはレズビアンが透明化されず、その存在が認知されるようになった一方で「女同士の同性愛は、異性愛主義の言語によって否定・排除されるだけでなく、性差別の言語によって、色情的に、あるいは美学的に搾取されもした」(竹村 1997: 90) とされる。そのような傾向は 20 世紀になるとますます露骨になったが、1920 年周辺からすでに、女性自身が女性同士の親密な関係性を描こうとしてきたという例もある（竹村 1997: 90)。

　女性同士の親密な関係は、現在もポルノグラフィ的に消費される傾向にあるが、単に「友情以上の親密性」が示唆されるだけでレズビアン・アイデンティティは消去される場合が多かった。後者に関して日本では、女性同士の親密な関係性を「百合」と呼ぶ慣習が存在している。「百合」はその関係性について幅広い解釈が可能な概念であり、ヴィレッジヴァンガードによって毎年開催されている『百合展』のステートメントでも「女同士の何か特別な感情を伴う関係性のことを示す」とされている。『「百合映画」完全ガイド』編著者のふぢのやまいは、展覧会の序文を参照しながら「『百合』とは作品に最初から帰属する属性であるというよりも、受容者側が作品に触発されることで、いわば個人的に見出すものである」としている（ふぢの 2020: 6)。百合作品に自分と同じような存在を見出しセクシュアル・マイノリティもいることは想像に難くない。しかし、「百合」概念において、レズビアン・アイデンティティは必ずしも必要な条件ではない。

　以上のような状況において、やまじえびねのコミック『LOVE MY LIFE』(2001) はレズビアン・アイデンティティを描いた作品として当事者からも評価が高い（溝口 2023)。主人公のいちこは 18 歳で翻訳学校に通っている。21 歳のエリーという同性の恋人がいる。いちこは当初、エリーが男であってもエリーに恋をする」と考えていたのだが第 4 話のモノローグでは「ところで／最近やっと／レズビアンだって／自覚が持てるように／なってきました！／それまではわたし／好きになったエリーが／たまたま女の子／だったんだって／思ってたんだけど／考えてみたら／それはちがう／全然ちがった／だって男の子の／エリーなんて／ありえないし／男の子だったら／エリーじゃないもの」と述べ

ている（やまじ 2001: 37）。BL 研究者の溝口彰子は「いちこがレズビアンだと自覚するプロセスの描写は画期的」であると述べている（溝口 2023: 274）。

◼◻ 3. 「レズビアン」存在の剝片化に抗して

『LOVE MY LIFE』を経て『作りたい女と食べたい女』女性同士の「親密な関係性」にとどまらず、「レズビアン」呼称を採用したことは日本における女性セクシュアル・マイノリティの表象として歓迎すべきことであると考えられる。さらに筆者が指摘したいことは、「つくたべ」の野本や春日が全人格的に描かれており、決して「レズビアン」というアイデンティティのみを強調した存在として描かれていないことである。筆者は単著『生きられる「アート」——パフォーマンス・アート《S/N》とアイデンティティ』で、カミングアウトはマイノリティがその存在を知らしめることができ、社会変革のためにも有効な行為である一方で、マイノリティとして「のみ」見られてしまう危険性を指摘した（竹田 2020）。人は「会社員」、「（自分の子どもからみると）父」、「（自分の両親からみると）息子」、「日本人」等、複数の社会的な属性をもっている。アーヴィング・ゴフマン（Erving Goffman）はこれらを「**社会的アイデンティティ**」と呼び、全世界・歴史的にたひとりしかいない自分を示す「**個人的アイデンティティ**」と区別した（Goffman 1963=2001）。アイデンティティが複数存在すると考えれば、人にはマジョリティの部分とマイノリティの部分が存在することが理解しやすいであろうし、その時の状況によって諸アイデンティティ自体もマジョリティ / マイノリティに属するかどうか変化する。たとえば日本国内にいれば日本人というアイデンティティはマジョリティに属するが、海外に移住すればマイノリティとなる。

カミングアウトのように「レズビアン」や「ゲイ」といったアイデンティティが強調されて伝えられる場合、その人の「レズビアン」や「ゲイ」とは異なるほかの側面が相対的に注目されなくなってしまう。これは当事者にとって狙い通りのこともあるだろうが、苦しいこともあるのではないか。筆者はこのような、個人の一部のアイデンティティのみが強調されてしまう現象を「**存在の剝片化**」と呼ぼうと思う。剝片とは、石を砕いてつくった断片、薄いかけらのことである。

その点、「つくたべ」はもともと「食」というテーマで日常を描いているせいか、マイノリティのアイデンティティ以外に、登場人物がそもそもどのような性格なのか、どのような部屋に住み、どのような日常を過ごしているのかといった全人格的な描写がなされている。「つくたべ」は登場人物がレズビアン・アイデンティティを獲得していく様を描きながらも、その存在の剝片化に抗しているのである。

　それ以上に、「つくたべ」には性器中心に構造化されてきたセクシュアリティ以外に、生の領域全般に広がった快の感覚が描かれている。この「快の感覚」を竹村和子に倣って〈エロス〉と呼びたい。〈エロス〉とは性器を中心とした性行為だけでなく、会話や食事、目線の交わり、感じる体温などもっと生のすべての領域にわたって存在するものである。さらにいえば、このような〈エロス〉を感じるのが人間相手である必要はないかもしれず、コミックスのキャラクターなどの二次元の存在や特定のモノ、または太陽の光や風に感じるかもしれない。

　しかし、そのような地平は「レズビアン」の存在を消してしまう恐れがあることもまた書き加えておく。なぜならばかつて女性が欲望の主体であると認められていなかった時期にはレズビアンの存在が抹消されていたからだ。この点に関して、「つくたべ」には矢子可菜芽（やこ　かなめ）という、レズビアンかつアセクシュアルのキャラクターが登場することを指摘しておきたい。アセクシュアルとは、「性的惹かれ（sexual attraction）を経験しない人」と定義されるものの（The Asexual Visibility and Education Network 2019）、「性的に惹かれ」と「性的に惹かれない」のあいだにはさまざまな位相があることも、矢子の「他者にまったく性的魅力を感じないひともいれば／ときおり感じるひともいたり／親しい相手にしか感じないってひともいます」という台詞で説明されている（ゆざき 2023: 56）

　以上に説明してきたように、性器＝生殖中心のセクシュアリティを称揚するわけでなく、ポルノグラフィックな表象をされることもなく、幾重にも抑圧された女性同士の親密な関係性が十全に表象されることが必要である。また表象の発展に伴い現実のセクシュアリティの権利獲得もさらに進むべきであろう。

（竹田　恵子）

〈読者のための文化案内〉

＊パフォーマンス・アート《S/N》（ダムタイプ，1994 年初演）：筆者が長年研究していたパ
　フォーマンス・アート。HIV 陽性者、セックスワーカー、同性愛者が「自分たちは俳優で
　はない」といって劇中でカミングアウトを行う。本稿の「存在の剥片化」についてさらに
　思考を深めたい人にぜひご覧になっていただきたい。

＊コミックス『きのう何食べた？』（2007 年〜）（よしながふみ著、講談社）：ドラマになり近
　年映画化もされた人気のシリーズである。あるゲイカップルの性愛以外の関係性を多く描
　いている。ただこのカップルは地位も高く給与も高いように思われ、女性カップルの社会
　的立ち位置とは異なるようにも思える。

〈引 用 文 献〉

デミリオ，ジョン，1997，「資本主義とゲイ・アイデンティティ」『現代思想　総特集レズビアン／ゲイ・
　　スタディーズ』25(6): 145-158, 青土社.

ふぢのやまい編著，2020，『「百合映画」完全ガイド』星海社.

Faderman, Lillian, 1991, *Odd Girls and Twilight Lovers: A History of Lesbian Life in Twentieth
　　Century America*, New York; Columbia University Press.（富岡明美・原美奈子訳，1996，『レズビア
　　ンの歴史』筑摩書房.）

Goffman, Erving, [1963] 1986, *Stigma: Notes on the Management of Spoiled Identity*, New York:
　　Touchstone Books.（石黒毅訳，2001，『スティグマの社会学 —— 烙印を押されたアイデンティティ』
　　改訂版, せりか書房.）

堀江有里，2008，『レズビアンである〈わたしたち〉のストーリー』生活書院.

掛札悠子，1992，『「レズビアン」である、ということ』河出書房新社.

Marriage for All, 2020,「世界の同性婚」（2021 年 9 月 27 日取得 https://www.marriageforall.jp/
　　marriage-equality/world/）

溝口彰子，2023，『BL 研究者によるジェンダー批評入門』笠間書院.

杉浦郁子，2019，「1970 年代以降の首都圏におけるレズビアン・コミュニティの形成と変容——集合的
　　アイデンティティの意味づけ実践に着目して」菊地夏野・堀江有里・飯野由里子編著『クィア・ス
　　タディーズをひらく 1　アイデンティティ、コミュニティ、スペース』晃洋書房, 15-51.

竹田恵子，2020，『生きられる「アート」——パフォーマンス・アート《S/N》とアイデンティティ』
　　ナカニシヤ出版.

竹村和子，1997，『資本主義社会とセクシュアリティ——[ヘテロ] セクシズムの解体へ向けて—』『思想』
　　879, 71-104, 岩波書店.

テレサ・デ・ラウレティス，1998，「クィアの起源——レズビアンとゲイの差異を語ること」風間孝ほ
　　か編『実践するセクシュアリティ——同性愛・異性愛の政治学』動くゲイとレズビアンの会.

The Asexual Visibility and Education Network, 2019, "The Asexual Visibility and Education
　　Network,"（https://www.asexuality.org/?q=overview.html）2023 年 7 月 2 日確認.

やまじえびね，2001，『LOVE MY LIFE』祥伝社.

ゆざきさかおみ, 2021, 『作りたい女と食べたい女 2』KADOKAWA.

ゆざきさかおみ, 2023, 『作りたい女と食べたい女 4』株式会社 KADOKAWA.

Welter, Barbara, 1966, "The Cult of True Womanhood: 1820〜1860," *American Quartarly*, Summer 18(2): 151-174.（立原宏要訳, 1986,「女は“女らしく”というモラルがつくられた」『アメリカのおんなたち――愛と性と家族の歴史』教育社, 55-91.）

■■■ 研究コトハジメ：「自分のありかたを発明する」 ■■■

　自分がどのような属性の人と親密な関係を結びたいかといったことや、そこに性的欲望が介在するかどうか、また自分がどのような性別だと思うのか、私にははっきりしなかった時期が長いし、今でもはっきりしているとは言えない。だが、長年のパートナーは異性で、事実婚をして暮らしているから、私はマジョリティに分類されると思う。他人は私のことを「異性愛者」だと思うだろうし、「女性」という性自認をもつ女性だと思うだろう。しかし私はセクシュアル・マイノリティに共感することが多い。

　マジョリティに分類される人がマイノリティの「ふりをする」ことには厳しい批判が寄せられていることもある。そして客観的にみると私はマイノリティであるとはいえないように思う。

　だからといってこの社会のなかで「異性愛者」で「女」というふうに決めつけられるような気がすると、居心地が悪くなる。そういった「属性」に対して期待される役割があり、どうしても陥ってしまう社会的な力関係があるのも嫌なのだが、その前になにか存在的な不安のようなものがある。とはいっても「自分は何者か」を追求することには違和感がある。この心境をわかりやすく言語化するのは難しい。「納得して（?）いる」部分もあるが、なんというか「仕方がない」と思って生きている。私は「仕方なく女性になった」と思っている。私のあり方はひとことで説明できないし、「アイデンティティ」に還元できない。わたしは決してあるアイデンティティ・カテゴリーに同一化することを否定しているわけではない。ただ、私の場合は、自分をカテゴリーに当てはめることがしっくりこなかった。またアイデンティティを細分化したり、新しいカテゴリーを作ることに関しても興味を持つことができなかった。そのような人も一定数はいると想像する。そのような問題意識から、『生きられる「アート」――パフォーマンス・アート《S/N》とアイデンティティ』（2020 年、ナカニシヤ出版）という本を書いた。今回の原稿も、問題意識は同じである。《S/N》という作品は非常に洗練された作品なのだが、真髄は「自分の生を発明する」という一節に込められているように思う。どうしようもなく社会的関係のなかに埋め込まれながらも、かろうじてできること。自分のあり方は自分で決めてよい。それは他人に言ってもよいし、言わなくてもよい。明確にしなくともよい。アイデンティティ・カテゴリーとどのように距離を取るかどうかも、個人の自由なのである。

6

スポーツのファンダム

クルマ文化とF1

> もし「どんなスポーツのファンですか？」と問われたら。私自身は野球も好きだし
> サッカーも好きだ。しかしどちらも「それなりに」である。そんな私にとってF1とい
> うクルマを使ったスポーツは、なんだか特別な気がする。手に汗握って心の底から応援
> している時、画面の向こうのスポーツを「見る」以上の何かが生まれている。この感覚
> は何だろう。何かのファンであることは、私たちの人生や社会にどんな変化を生み出す
> のだろうか。本章ではF1を事例に、ファンが見るスポーツ、およびファンダムと呼ば
> れるファン同士のゆるやかなつながりの社会的意義を考えてみたい。

1. 参加型文化として F1 ファンダムを捉え直す

　F1（エフワン）とは、国際自動車連盟（FIA、以下FIAと表記）が管轄するフォー
ミュラ・ワン世界選手権の略称である。イギリスやハンガリーといったヨー
ロッパから、アメリカやブラジルのような南北アメリカ大陸、中東のアブダビ
やバーレーン、さらには日本やアゼルバイジャンまで、F1は世界各地を転戦
する。自動車レースの最高峰のひとつであり、モータースポーツやモーター
レーシングと総称されるスポーツ文化のひとつでもある。レース会場はサー
キット場だけではなく、モナコやシンガポールのように一般道をそのままレー
ス場として利用することもある。日本では横浜や大阪で市街地の公道での開催
が検討されたことがある。

　日本でF1が広く知られたきっかけは、1980年代末から90年代にかけての
好景気、いわゆるバブル経済期のF1ブームだろう。当時をアイルトン・セナ
やマクラーレン・ホンダとともに記憶する世代は多い。それゆえF1は流行と
して消費されただけで、スポーツとしても海の向こうにある憧れの「海外の文
化」にすぎず、日本では定着しなかったと考えることもできる。しかしなが
ら、そのように「終わった」と思われがちなF1だが、実際には日本で着実に
現地化し、無視できない規模の**ファンダム**を形成してきた。

海外から「輸入」して始まった日本のF1の文化は、その多くが「ファンであること」から出発している。まず、専門家や研究者以外の活動に広く目を向けなければいけない。熱心なレースファンとしても知られる漫画家のすがやみつるは、ごく初期のパソコン通信を使って英語圏のレース情報を日本に紹介、あるいは日本のレースを英語で海外に紹介していた（すがや 1994）。そのすがやが1987年にNifty-Serve上に開設したモータースポーツ・フォーラムは長らくファンダムの拠点となり、ネットでもリアルでも、多くのF1ファンが集う新たな場を生み出してきた。

　こうしたファン文化が隆盛した背景には、日本の**クルマ文化**のマイナーな立ち位置やビジネス規模の小ささもあるが、あらたなメディアの普及とともに世界規模で生じた参加型文化の拡大（ジェンキンズ 2021）もある。何もないところから現在の状況を立ち上げた黎明期の世代から、現代のウェブ・映像・ポッドキャスト・ソーシャルメディアを使いこなす世代まで、F1というスポーツ文化においてファンが担う役割の重要性は、ますます高まっている。

◆ 2. | F1と映像メディア

　サーキットはいわばファンがレースを体感して、それぞれの方法でF1を経験する場である。近年のロック・フェスに関する研究が強調してきたように、巨大な文化イベントの観客は受動的な傍観者ではなく、能動的な参加者として何かを経験し、特定の社会的意識を生み出している（永井 2016）。F1観戦もそのような祝祭的な場を共同でつくり上げる行為だといえるだろう。

　ところが、F1のレースが行われるサーキットは、ファンがレースを理解する場としては最悪である。私のF1初観戦は1994年の鈴鹿サーキットで、稀に見る大雨のなか何もわからず自由席の芝生斜面で泥にまみれて凍えていた。そんな個人的な思い出は未熟さゆえの失敗でしかないが、複雑なレース展開を、無数のカメラを駆使した映像なしで理解することは難しい。

　それゆえファンとF1のかかわりを考える上で、映像メディアの力は重要である。1970年代末からイギリスのバーニー・エクレストンらが主導したテレビ放映権の世界的販売は、F1の急速な商業化の鍵だった。マラソンは「テレ

ビによってはじめて消費されうるゲームになった」と評論家の多木浩二が述べ
たように（多木 1995）、F1 もテレビ中継によって実況や解説が加えられること
でスポーツとして成立している側面がある。F1 ブーム期の実況アナウンサー
を担当した古舘伊知郎は、1980 年代に「テレビ文化の主役」に返り咲いたプ
ロレス中継でキャリアを積んでいた（清水ら 2006）。セナを「音速の貴公子」と
名づけた古舘節のインパクト以上に、実況を通じて F1 という複雑なスポーツ
を単純化し、日本でファンを獲得する上で彼は大きな役割を果たしたように思
われる。

　しかし現在、F1 とメディアの関係は大きな転換期に差し掛かっている。多
くの地域で F1 のレース中継は有料化され、持つもの／持たざるものにファン
ダムは分断されつつある。日本でも 2011 年までで地上波放送の無料中継は終
了し、BS 放送での無料中継も 2015 年に終わった。2022 年現在、CS 放送か動
画配信サービスを有料契約しなければ、日本で F1 中継を見ることはできない。

　その一方で F1 の運営企業は、レース映像の切り抜きなどを積極的に
YouTube や SNS で無償公開するようになった。Amazon や Netflix などと F1
の公式コラボも進んでいる。一部の例外を除き、公式情報を享受するためには
英語という言語の壁があり、これもまた持つもの／持たざるものの分断を生み
出す原因となっている。しかし日本の放送局が独占的に提供してきた視点に囚
われない海外からの情報にファンが直接触れることで、日本のファンダムがよ
りグローバルなファンダムへと直結されていく可能性もある。

■ 3. | グローバルなスポーツはナショナリズムを変えるのか

　ベネディクト・アンダーソン（Benedict Richard O'Gorman Anderson）による
『想像の共同体』は、「国民」という政治共同体が私たちの想像の産物にすぎな
いことを知らしめたが（アンダーソン 2007）、だからといって私たちの日常生活
から**ナショナリズム**が消え失せたわけではない。むしろスポーツ文化は、チー
ムの敵対関係やユニフォーム、あるいは報道や応援などによって、想像の産物
にすぎない国民共同体を実体化する役割を担ってきた（笹生 2019）。

　たしかに、F1 にナショナリズムを読み解くのは簡単かもしれない。2021 年は、

1960年代からF1と関わり続けたホンダが「参戦終了」する最後の年として日本では演出された。また、5年ぶりの日本人選手である角田裕毅の活躍にも注目が集まり、日本の雑誌や映像メディアで多くの特集が組まれた。

　だが、単純化は危険だ。たしかにホンダは日本企業だが、世界各地に工場と顧客をもつグローバル企業でもある。それゆえホンダの勝利は日本だけの勝利ではない。角田もまた早くからヨーロッパでキャリアを積み上げたエリート・アスリートであり、その活躍は必ずしも日本とだけ紐づけられるべきではない。

　このようなF1というスポーツ内部の入り組んだ国境線は、ファンダムとナショナリズムの関係にあらたな可能性をもたらしている。たとえば、近年のフランスでのF1視聴率上昇の背景には、ピエール・ガスリーのような若くて有望なフランス人選手の活躍が背景にあるとされる。しかしその一方で、ガスリーが2022年まで在籍したチームの本拠地はイタリアにあり、オーストリアの飲料メーカーが展開するブランド名を背負って走り、日本で設計されたパワーユニット（エンジン）をイギリス企業が提供した。F1ファンは、こうして折り重なりあう国境線の任意のどこかの点から、あるいは複数の点を横断しながら、F1を理解している。旧来のナショナリズムに回収される場合もあるが、日本人が「自分たち」の一員としてフランス人を応援する可能性も十分に残されているのである。

◧ 4.│ グローバル資本主義と格差の問題

　グローバル化にあらたな可能性を見出すことができる一方で、オリンピックやワールドカップなどのメガ・スポーツイベントと同様に、F1の商業主義的な側面は無視できない。近年のF1は「億万長者の息子たちの社交会（billionaire boys' club）」だとルイス・ハミルトン選手は批判する。コリングスの『ピラニア・クラブ』が描き出した「カネ・カネ・カネ」な状況はさらに過酷になっている（コリングス 2003）。

　しばしばF1の商業性が批判されるのは、どこでレースが開催され、誰が出場し、誰が速いのかといった競技スポーツの根本的な部分にまで資本の力が介入しているからである。優秀な人材や高性能な機材は高価であり、速く走るク

ルマを開発するには資金が必要だ。どれだけチームに熱意があり、選手に才能があったとしても、そもそも資金がなければレースに勝つことはおろか、出場することすらできない。F1 ファンにとっても、グローバル資本主義の不平等と格差は身近な問題である。レース観戦チケットや各種グッズは高価で、ファンの世界もカネ次第といえる。

こうした F1 をめぐる「カネ」の問題は、プロ野球・J リーグ編に続いて出版された『F1 の経済学』（城島 1994）を端緒として、F1 ブームを経た日本でも注目されるようになった。その批判はレース開催費用や選手の報酬、さらにはテレビ放映権をめぐる金銭問題までと包括的だ。その後もイギリスの専門誌『F1 Racing』を中心とした検証が日本にも紹介され、それらをさらに噛み砕いて検証を試みた『F1 速報 PLUS』2012 年 5 月刊の「F1 とお金」号がある。

さて、現代の F1 がカネ次第の不平等なスポーツだとすれば、ファンはいったい何をどう楽しんでいるのか。悲観的に考えると、F1 ファンは巧妙に演出されたスポーツっぽいショーに騙されている愚かな存在かもしれない。しかし、おそらく多くのファンはショーとスポーツのあいだを揺れ動きながら、賢くどこかに自分なりの妥協点を見つけている。ひとりのファンとして資本の力と戦うことも、選手間やチーム間の不平等をこのスポーツの物語に折り込んでしまうこともできる。そのような能動的な交渉の過程こそが「ファンになる」ことでもあるだろう。

■ 5. | 女性と F1 のかかわりかた

F1 というスポーツ文化の内部でも、ジェンダーをめぐる構造に大きな変化が生じており、特にここでは**女性性**の問題に注目したい。ダニエル・ミラー（Daniel Miller）によると、クルマ文化はその速さや暴力性から過度に「男性的な文化」として考えられてきた傾向があり、それゆえに女性とのかかわりが軽視されてきたからである（Miller 2001）。F1 に代表されるモータースポーツも、女性が排除された世界のなかで、男性ファンが男性ドライバーを媒介として男と男の絆とも言える「男性的ファンダム」を形成してきたと考えられている。

レースにおける女性性は、クルマ文化における男性目線を象徴している。日

本ではレース会場で男性の選手に付き添い広報活動をする女性、いわゆるレースクイーンが広く受け入れられてきた。しかし F1 では数年にわたる紆余曲折を経て、モデル風の女性たちが車番を記したプラカードを持ってレース前の男性選手に付き添うグリッドガールが 2018 年に廃止された。男性選手の「飾りもの」として女性を扱い、露出度の高い衣装を着せて一方的な性的搾取の対象とする意識は「当たり前」ではない。

　現在の F1 は、広報や給仕係だけでなくピット作業員や技術者など、より多様な職種における女性の雇用拡大に力をいれている。もちろん女性選手の増加も期待される。FIA は 2013 年に女性選手の活躍を特集する『AUTO+ Women in Motor Sport』誌を創刊した。2016 年に女性選手のスージー・ヴォルフが立ち上げた Dare to be Different キャンペーンは、各地で女性選手の育成を狙った Girls on Track プログラムに発展した。2019 年には女性選手だけで争われる W シリーズが発足したが、女性だけを隔離するのではなく、男性と同じ場で競うことを目指すべきだとする批判もあった。

　こうした変化を女性の F1 ファンはどのように受けとめているのだろうか。たとえば「男性中心的文化」として見なされるロックの女性ファンが、自分を取り囲む**男性性**に疑問を抱かないこともあれば、時に居心地の悪さを感じながら、なんとか折り合いをつけて主体的に楽しもうとすることもありえる（荒木 2017）。男性中心主義的な F1 でも近年は女性ファンの存在が強調され、主体性をもって「F1 女子」を自称するファンも多くいる。女性性の強調はファンダムにとっても新たな現象である。

🏁 6.│F1 を「見る」ことと「遊ぶ」こと

　もし本来のスポーツは「見る」ものではなくみずからが「遊ぶ」ものだとするならば、F1 のようなモータースポーツは「遊ぶ」ことから遠いスポーツなのかもしれない。それでも、ファンにはレースを経験する方法が残されている。身近で参加できるモータースポーツには、ゴーカートやジムカーナがある。また、乗用車を改造して公道で楽しむ走り屋たちは、ストリート・レーサーとも呼ばれる。その行為がどれだけ逸脱的でありサブカルチャー的である

としても、モータースポーツの「草の根」に位置すると考えることもでき（遠藤 1998）、クルマ文化を支えるファンダムとして無視できないだろう。

　ミニカーの収集やプラモデルの組み立て、さらにはミニ四駆や RC（ラジコン）カーといった競技性の高いホビーもある。遊ぶという意味では、レースは『グランツーリスモ』シリーズなど、F1 以外にも古くからゲームの題材となって多様な経験をプレイヤーに提供してきた（竹本 2015）。近年では F1 公式大会が e スポーツとして組織され、ゲームプレイヤーは「選手」にもなりうる。実際の F1 もまるでゲームに接近するかのように、ビッグデータを根拠とした戦略と頭脳的な運転が勝敗を大きく左右するスポーツになりつつあり、**ポスト・スポーツ**の性格がますます強まっている（山本 2020）。

　このように多様な経験をファンに提供しつつ、ポスト・スポーツへと変化してきた F1 においては、「見る」と「遊ぶ」をはっきりと区別できない。ファンは双方の経験を行き来しながら、F1 というスポーツを楽しんでいる。この特徴はほかの多くの「見る」スポーツにもあてはまるのではないだろうか。

　最後に、本章では F1 を例に説明したが、それは F1 だけが問題だからではない。あくまでも私にとって F1 ファンになったことが「人生を変えた」と言えるぐらい、重大な「自分ごと」だからである。どんなスポーツとの出会いも偶然であり、たまたま私の場合はそれが F1 だったにすぎない。何かのファンになったのならば、時には自分自身や「推し」を冷静かつ批判的に考えることも意味のあることではないか。あなた自身が関心をもっている文化について本章が考える手がかりになるのなら嬉しい。

（加藤　昌弘）

〈読者のための文化案内〉

* ドキュメンタリ『Formula1——栄光のグランプリ』（Netflix, 2019 年〜）：世界中で F1 ファンを急増させているドキュメンタリ作品。毎回違うチームや選手にスポットをあて、1 年間の F1 を複数の視点からひとつの物語として巧みに再構成する。
* 映画『ラッシュ——プライドと友情』（ロン・ハワード監督，2013 年）：1970 年代の実在した 2 人の選手のライバル関係を描く。物語に魅了される一方で、あまりにも男性的で放埒なレース世界は疑問も抱かせる。
* ポッドキャスト『Radio port F』、『F1 ファンになる方法』：日本語で定期的に配信され

る無料の音声番組無料。Apple や Spotify で聞くことができる。Port F 内のブログ『under green flag』もファン目線のレースの物語として秀逸。

〈引 用 文 献〉

アンダーソン, ベネディクト, 白石隆・白石さや訳, 2007,『定本 想像の共同体——ナショナリズムの起源と流行』書籍工房早山.

荒木菜穂, 2017,「女子の日常とロックのアンビバレントな関係」吉光正絵・池田太臣・西原麻理編著『ポスト〈カワイイ〉の文化社会学——女子たちの「新たな楽しみ」を探る』ミネルヴァ書房, 141-166.

コリングス, ティモシー, 熊倉重春訳, 2003,『ピラニア・クラブ——F1 マネーに食らいつけ』二玄社.

遠藤竜馬, 1998,「走り屋の社会学——モータースポーツにおける「草の根」の考察」『年報人間科学』19: 53-70.

ジェンキンズ, ヘンリー, 渡部宏樹・北村紗衣・阿部康人共訳, 2021,『コンヴァージェンス・カルチャー——ファンとメディアがつくる参加型文化』晶文社.

城島明彦, 1994,『F1 の経済学』日本評論社.

Miller, Daniel, 2001, "Driven Societies". In Daniel Miller, ed. *Car Cultures*. Oxford: Berg. 1-34.

永井純一, 2016,『ロックフェスの社会学——個人化社会における祝祭をめぐって』ミネルヴァ書房.

笹生心太, 2019,「スポーツを通じたナショナリズム研究の分析視角の検討」『東京女子体育大学・東京女子体育短期大学紀要』54: 105-115.

清水泰生・岡村正史・梅津顕一郎・松田恵示, 2006,「スポーツとことば——『古舘伊知郎』とスポーツ実況」『スポーツ社会学研究』14: 25-45.

すがやみつる, 1994,『パソコン通信で英語がわかった——35 歳からの英語・国際パソコン通信体験』青峰社.

竹本寛秋, 2015,「ドライビングゲームにおいて、いかにして『物語』はマウントされるのか、あるいはされないのか」押野武志編著『日本サブカルチャーを読む——銀河鉄道の夜から AKB48 まで』北海道大学出版会, 129-153.

多木浩二, 1995,『スポーツを考える——身体・資本・ナショナリズム』筑摩書房.

山本敦久, 2020,『ポスト・スポーツの時代』岩波書店.

■■■ 研究コトハジメ：「好き」を仕事（研究）にすべきか？ ■■■

　F1を見始めて30年になる。趣味としてF1を語るポッドキャストの制作と配信も10年ほど続けてきた。F1との出会いは偶然だったが、分相応以上に楽しんできたし、自分自身がファンダムの一員であるという自負もある。しかしだからといって「仕事」である研究の一環としてF1やクルマ文化を論じようとはこれまで思わなかった。

　「好きなことを仕事にする必要はない」と、就職活動に悩む学生たちを励ましてきた。嫌いなことでも仕事なら無理にでもやれという残酷な命令ではない。「好き」を「仕事」にしなければいけないという考えは、呪いである。生きていくための手段として「仕事」は割り切り、その仕事から生じる余裕を趣味や余暇活動に充てる。これも幸せなキャリアではないか。

　その一方で、私のゼミで卒業論文を書く学生たちには「好きなことを研究してほしい」と言い続けてきた。見事なダブルスタンダードである。その結果、国際的な文化研究を標榜する私のゼミは、学生たちの「好き」が集まるにぎやかな場になっているのだが……。

　ひるがえって、私自身の研究はどうか。私は「好き」から目を背け、割り切って「仕事」をしてきたのではないか。西洋史学の大学生だった私がイギリス現代史を卒論テーマに選んだのは、当時流行していた英国の音楽や映画が好きだったからだが、だからと言ってロックバンドのレディオヘッドやスコットランド人の俳優ロバート・カーライルの論文を書いたわけではない。イギリスに留学してスポーツ社会学者のもとでメディア研究を専攻したスコットランドの大学院でも、私は「好き」については書かなかった。

　だから、ファンという当事者だからこそ書けることがあると、私はゼミ生たちから教わっている最中なのである。自分ごととして悩みながら、「好き」なことを批判的に議論できる学生たちがいる。私もそんな風になりたいと思いながら、本書でF1というスポーツ文化についての章を書いた。この章を書いたのは私だが、書かせたのは学生たちであり、長年にわたって付き合ってくれている世界中のF1ファンたちである。ありがとう。

7

創られる理想、作られる身体
私たちはどのようにボディ・プロジェクトへと向かうのか

> 　私たちは、理想化された身体を目指すように常に社会的・文化的に仕向けられている
> ようだ。私たちの日常生活のあらゆる場所に理想的な身体についての言葉やイメージが
> あふれている。スマホを開けば、ダイエットや脱毛、美白の広告が画面上に飛び交い、
> コンビニに行けばフィットネス雑誌やカロリーオフの商品が目立つようにパッケージン
> グされ、陳列されている。おそらく、食べ過ぎた次の日は、懺悔するように低カロリー
> 食品を口にし、カロリーを消費しようと運動をする人がかなりの数いるのではないだろ
> うか。本章では、身体の理想がどのように社会のなかに現れ、語られ、そして私たちの
> ふるまいに影響を与えているのかを考えていく。

■■ 1. 身体をどうとらえるか？

■ 1. ボディ・プロジェクトに生きる私たち

　私たちにとっての「身体」とは一体何だろうか。まっとうに考えれば、身体
とは腕や脚、頭、胴体などで構成されている物質、もっと細部にまで目を光ら
せれば、血液や骨、細胞などを含んだミクロな物質の集合体である。しかしな
がら、カルチュラル・スタディーズや社会学をフィールドとしている研究者た
ちは、身体をそのような単なる物質としては考えない。かつて哲学者のメルロ
＝ポンティが述べたように、私たちはみずからの身体によって生き、身体を
使って他者ないし社会と関わりあい、身体にその経験を蓄積していく。つま
り、「身体」とは「私」そのものであると同時に、私と社会をつなぐ「メディ
ア」なのである（Merleau-Ponty 1945=1982）。

　身体＝自己であるがゆえに、私たちは身体をどのように扱い、そして表現を
行っていくのかに多くの注意を払っている。ダイエットはもちろんのこと、そ
の他にも体重を落とすことを目的としない筋トレやボディメイク、ヘアスタイ
ル、衣服の着こなし方、メイク、ネイル、美容整形、脱毛、AGA 治療などは
多くの人が関心を持っている。私たちは、さまざまな手段を通じてみずからの

身体を加工や管理することによって、他者に対する自己呈示を行っているのである。

　社会学者のクリス・シリング（Chris Shilling）は、こうした身体を通じた自己呈示が現代社会のなかでより重要性を増していることを**ボディ・プロジェクト**という概念とともに説明している（Shilling 2012）。シリングによれば、私たちは、みずからのライフプランをみずから培った能力と意志とで切り開いていかなければならない**後期近代**の時代に生きているという。後期近代では、社会がよりグローバルに開かれており、数え切れないほどの情報が不断に飛び交っている。私たちは、それらを取捨選択し、みずからのライフスタイルに生かすという**再帰的プロジェクト**によって自己を確立しなければならなくなっているのである。ここでシリングが注目したのが「身体」だった。シリングは、人々が常に自己を再帰的にモニタリングし、身体を隅々にわたって改変するボディ・プロジェクトが、複雑化した後期近代においてもっともアクセスしやすく、かつ、わかりやすい自己呈示の実践の一つであると指摘している。

■ 2. 身体に刻み込まれる社会規範

　しかしながら、なぜ私たちはボディ・プロジェクトへと駆り立てられるのだろうか。ボディ・プロジェクトによって目指される身体の理想は、決して普遍／不変なものではない。たとえば、人々は体格や顔立ちなど千差万別の身体的特徴をもつが、どの特徴を理想的／魅力的と考えるかは、その人が置かれている社会的文化的状況に大きく影響を受ける。こうした身体のとらえ方は、**社会構築主義的アプローチ**と呼ばれており、身体文化研究や身体の社会学の分野において基礎的な視点となっている。

　身体について考える上でもう一つ重要な視点がある。それは、「理想的な身体」という価値観が**権力関係**のなかから生じているというものだ。高度に消費資本主義化した現代社会では、身体は「消費のもっとも美しい対象」（Baudrillard 1970=2015: 212）として扱われている。ダイエットや脱毛、美白、美容整形などさまざまな身体加工が商品化され、その広告があらゆる場所に掲示されているのだが、ある特定の体型や体毛、肌などの身体的特徴をネガティブに取り上げることで、人々を理想的な身体へと駆り立て、企業が提供する商品

を購入させようと誘っている。そのため、こうした広告は「コンプレックス広告」とも呼ばれている。私たちは、このようにネガティブ化された身体を日々目にすることによって、何が理想で、何が理想でないかを無意識的に学び、結果、知らず知らずのうちに理想的な身体を獲得する方向へと導かれているのである。

そして、身体の理想をめぐる権力関係は、誰もがスマホやスマートウォッチなどのウェアラブル端末を所有するようになった現在、あらたな展開を迎えている。それらの端末は、私たちの生活様式を大きく変化させているが、それと同時に私たちの行動の多くがデータとして記録され、企業はそれらのデータを収集・分析することによってあらたな商品開発を行っている。つまり、私たちの身体からはじき出された情報が再構成され、再び私たちの身体を取り囲み、私たちをあらたな身体の理想とそれに向けた実践へと誘うのである。

ショシャナ・ズボフ（Shoshana Zuboff）は、このようにデータテクノロジーによる身体の常態的な監視が、資本主義の高度化に大きく影響を及ぼすようになった社会を**監視資本主義社会**と呼んだ（Zuboff 2019=2021）。また山本敦久は、そうした状況においては、「身体」と呼びうるものはもはや物質ではなく、「生身の体」と「データ」の複合物として認識される次元に突入していると指摘している（山本 2020）。

こうした身体に関する新しい議論の登場は、私たちの身体がもはや自分だけのものではなくなっていることを教えてくれる。かつて、自己の経験は自己の身体に蓄積されると考えられていた。しかし、テクノロジーが急速に発展する現代では、それは資本主義のもとで監視され、データ化されることで、広く共有されるものとなった。つまり、私の身体経験は、ほかの誰かの身体経験を導くものとして利用されているのである。

◼️ 2.│ ポスト工業社会と身体の理想

私たちは、このようにさまざまな形で理想的な身体へと仕向けられているわけであるが、しかしながらなぜ私たちはこれほどまでに身体に関心を寄せてしまうのだろうか。

マイク・フェザーストーン（Mike Featherstone）は、フィットネスなどのボディ・プロジェクトは禁欲的な性質をもち、多くの人にとって苦しいものとなっているにもかかわらず、消費社会のなかで不可欠なコンテンツとなっている理由の一つに、フィットネスに勤しむことが、サービス産業中心の**ポスト工業社会**において理想的なビジネスパーソン像を獲得する手段に位置づけられている点をあげている（Featherstone 1991）。

図7-1　Teststerone 著『筋トレが最強のソリューションである』

そのことを象徴的に示すのが、近年、ビジネス・自己啓発関連書籍として累計発行部数30万部を超えるベストセラーとなった Teststerone 著『筋トレが最強のソリューションである』（2016）だ（図7-1）。この書籍では、「ソリューション」という言葉はもちろん、表紙にもスーツ姿の男性が描かれているように、筋トレを行うことが優秀な（男性の）ビジネスパーソンになるための手段に位置づけられている。ここで見落としてはならないのは、筋トレがビジネスパーソンに有効なのは、単にそれが性的に魅力的な男性を作るからではなく、「レジリエントな人間」を生み出す動力になると示されている点である。レジリエントな人間とは、困難な問題、危機的な状況、ストレスといった要素に遭遇しても、すぐに立ち直ることができる人間である。もともとレジリエンスは、物体の弾性を表す言葉であったが、近年では心の回復力を説明するものとして経済界を中心に使われている。このように筋トレというボディ・プロジェクトは、いまや性的に魅力ある身体を作り出すことにとどまらず、資本主義経済における理想的な人間像とも結びつきを強めているのである。

一方で、女性のボディ・プロジェクトは、ヨガやピラティスといった自然派のフィットネスによって特徴づけられており、これらもまたポスト工業社会において

図7-2　フィットネス大手の東急スポーツオアシスが提供する産婦人科医・高尾美穂氏考案のヨガプログラム

理想化された女性身体を獲得する手段と見なされている。ヨガやピラティスは、女性的な美しい身体を作るものとして市場化されているが、水野英莉（2015）が指摘するように、近年では月経不順や不妊治療などの女性特有の健康課題に資するものとして認識され始めている（図7-2）。ヨガやピラティスは、エアロビクスなどの激しい運動とは異なり、静的な動きで自律神経を整え、規則正しいバイオリズムを養うことが目的とされている。このバイオリズムは月経周期を示す疑似科学用語として、主に女性のウェルネス産業において市場化されているが、こうした動きは、近年注目されているフェムテック産業とも結びつきつつ、現代社会で問題視されている少子化や、女性活躍を妨げる女性特有の健康課題を解決ないし緩和するものとして位置づけられているのである。

　ボディ・プロジェクトは、単なるアイデンティティ形成や性的魅力の向上のためだけにあるのではない。ミシェル・フーコー（Michel Foucault）が指摘したように、身体の理想は、ある社会状況における特定の戦略的目標に沿って形作られ、私たちのふるまいや思考を規定する（Foucault 1976=1986）。近年では、そうした戦略的目標が、ポスト工業社会の信念によって方向づけられていることは身体を考える上で十分に留意しなければならない。

3. コンフィデンス・カルチャーとしての ボディ・プロジェクト

　イギリスのカルチュラル・スタディーズにおいて、とりわけポストフェミニズム研究を牽引しているロザリンド・ギル（Rosalind Gill）は、シャニ・オルガド（Shani Orgad）とともに、こうした近年のボディ・プロジェクトの議論をさらにバージョンアップさせ、ボディ・プロジェクトが、**コンフィデンス・カルチャー**として私たちを心理的な側面から支える役割を担い始めたとする重要な指摘を行っている（Orgad and Gill 2022）。

　コンフィデンス・カルチャーとは、みずから自己嫌悪に抗い、自尊心を高めることを目的とした文化のことである。たとえば、先にあげた男性の筋トレや女性のヨガでは、自己を取り巻く身体の負の側面を、理想的な身体を獲得することによって克服（レジリエンス）し、よりよいワークライフバランスを手にす

ることを目的としている。またこうした実践とは対照的だが、リンディ・ウェスト（Lindy West）の『わたしの体に呪いをかけるな』（2016＝2022）に代表されるような、社会が規定する身体の理想に抗い、ありのままの自分を愛そうとする**ボディ・ポジティブ**というフェミニズムのムーブメントがSNSを中心に拡大しているが、これもコンフィデンス・カルチャーの一形態である。これらの動向は、方向性は異なるものの、身体を介した女性の**エンパワーメント**だという点に共通性がある。

　コンフィデンス・カルチャーの隆盛は、少なくとも部分的には、数十年にわたるフェミニズムの影響力の結果である。フェミニズムがなければ、女性の自尊心を向上させることがこれほどまでに求められることもなかったし、月経というかつて隠匿されたものもこれほど社会的に語られることもなかったはずである。こうした意味において、コンフィデンス・カルチャーとしてのボディ・プロジェクトは、フェミニズムの結果であり、さらにはフェミニズムの影響力をさらに強めるものだということができるだろう。

　しかしながらギルらは、こうしたコンフィデンス・カルチャーが「しばしば温かく肯定的な輝きを放つ一方で」、問題の解決を個々人の能力に委ねるという社会の**ネオリベラリズム化**を強め、それがあらたな規律として女性たちに植えつけられる可能性があると警戒感を示している（Orgad and Gill 2022: 26）。このようなフェミニズムのネオリベラル化は、フェミニズムの目的や意義を矮小化させ、ついには霧散させる懸念があるとして、近年重要な課題としてあげられるようになった（たとえば、菊地 2019）。こうした課題にボディ・プロジェクトが関わっていることは注目に値する。

◆ 4. | 身体から社会をゆさぶる

　私たちの身体の理想は、さまざまな社会現象や社会通念のなかで常に形作られている。ボディ・プロジェクトは、そうした身体の規範化の過程から生み出された文化であり、また私たちのアイデンティティを形成するための技術である。カルチュラル・スタディーズや社会学が注目するのは、そうした身体の諸実践からいかなる理想的な人間像が、なぜそしてどのように生み出されるのか、あ

るいはそのような規範性を揺るがすような身体の実践はいかにして可能か、という問題である。このように身体について考えてみることは、ある時代のある場所で人間が作り上げる社会や文化を理解するために不可欠な作業となるはずである。では、あなたが今行っている／関心のあるボディ・プロジェクトは、どのような社会的文化的背景をもっているのだろうか。ぜひ考えてみてほしい。

（竹﨑　一真）

〈読者のための文化案内〉

＊書籍『ボディ・スタディーズ——性・人種・階級・エイジング・健康／病の身体学への招待』（マーゴ・デメッロ著，晃洋書房，2017 年）：肥満や痩身、美容整形、生殖など身体をめぐるさまざまな実践を例にとり、身体文化研究の基本的な視点を体系的にまとめている。身体をテーマに研究を行う人にとっての入門書となる。

＊映画『監視資本主義——デジタル社会がもたらす光と影』（ジェフ・オーロースキー監督，Netflix，2020 年）：ショシャナ・ズボフの『監視資本主義』をもとに製作されたドキュメンタリー映画。私たちのふるまいが、データによっていかに規定され始めているのかを学ぶための入り口となる。

〈引 用 文 献〉

Baudrillard, Jean, 1970, *La Société de Consommation*, Paris; Gallimard.（今村仁司・塚原史訳，［1979］2015，『消費社会の神話と構造』新装版，紀伊国屋書店．）

Featherstone, Mike, 1991, "The Body in Consumer Cultuer," Featherstone, Mike, Hepworth, Mike, and Turner, Bryan, eds.,*The Body: Social Practice and Culture Theory*, London; Sage Publications, 170-196.

Foucault, Michel, 1976, *La Volonté de savoir* (*Histoire de la sexualité, Volume 1*), Paris; Gallimard.（渡辺守章訳，1986，『性の歴史 I ——知への意志』新潮社．）

菊地夏野，2019，『日本のポストフェミニズム——「女子力」とネオリベラリズム』大月書店．

Merleau-Ponty, Maurice, 1945, *Phénoménologie de perception*, Paris; Gallimard.（中島盛夫訳, 1982,『知覚の現象学』法政大学出版局．）

水野英莉，2015,「ヨガの女性化と理想の女性身体——性機能の改善をめざすヨガ教室の参与観察」『スポーツとジェンダー研究』13: 134-147.

Orgad, Shani and Gill, Rosalind, 2022, *Confidence Culture*, Durham, Duke University Press.

Shilling, Chris, 2012, *The Body and Social Theory*, 3rd edition, London; Sage Publications.

山本敦久，2020，『ポスト・スポーツの時代』岩波書店．

Zuboff, Shoshana, 2019, *The Age of Surveillance Capitalism: The Fight for a Human Future at the New Frontier of Power*, New York; Public Affairs.（野中香方子訳，2021，『監視資本主義——人類の未来を賭けた闘い』，東洋経済新報社．）

■■■ 研究コトハジメ：記号であり生モノでもある筋肉 ■■■

　私が研究対象として「筋肉」に興味をもったのは、大学院の修士課程に入った時だった。私が通った大学院は、全国レベルの運動部が数多くある大学で、トレーニング室がいくつもあった。私が使っていた研究棟のまわりにもトレーニング室が2つもあり、そこではいつも誰かが筋トレをしていた。

　私もその頃は、そうした部活生たちに交じって時々筋トレをしていた。私にとっての筋トレのモチベーションは、ちゃんとやれば結果がでるというところだった。筋トレした次の日の筋肉痛が、ちゃんとやったことの証明であり、それを積み重ねていくと脂肪が落ち、筋肉が太くなる。「筋肉は裏切らない」という言葉はあまりにも有名だが、現代の自己責任化された不安定な社会において、筋トレは成功が約束された数少ないものの一つだろう。

　しかし、その成功が必ずしも約束されなくなったとしたらどうだろうか。筋トレ、あるいは筋肉それ自体に対する限界が見えてしまったらどうであろうか。そうしたテーマから書いたのが拙論「男性高齢者の老いゆく身体と身体実践——東京都Sジムにおけるボディビルダーたちの事例から——」である。この論文では、老いゆく身体と向きあいながら、ボディビルダーであり続けようとした高齢男性たちへのフィールドワークを行いながら、「筋肉」の強さと脆さ、華々しさと儚さに迫った。

　今回、本章では私たちはどのようにしてボディ・プロジェクトに向かわされているのか、という視点から論じている。その視点から考えることも重要である。しかし忘れてはならないのは、「筋肉」は私たちとともに生きているということだ。つまり、筋肉は成長もすれば衰えもする。強くなることもあれば、ちょっとした怪我で動くことを拒絶することもある。そうした"生モノ"としての「筋肉」という視点から研究を志向することも今後の課題となる。

〈引 用 文 献〉

竹﨑一真，2015，「男性高齢者の老いゆく身体と身体実践——東京都Sジムにおけるボディビルダーたちの事例から」『スポーツ社会学研究』23（1）: 47-61.

8

「黒い暴動」

移民たちはなぜ踊り始めたのか？

みなさんにもきっと、好きな歌手やバンドがいるだろう。「歌詞に共感して」目頭を熱くすることがあるかもしれないし、「ちょっと何言ってるかわからないけど、とにかくメロディがかっこいい！」とライブに参戦することもあるかもしれない。筆者は 10 代の頃、イギリスのパンクにはまっていて、なかでもクラッシュが一番のお気に入りだった。当時は歌詞の意味など気にせず単純に音楽を楽しんでいたが、大学生になった頃、あらためて彼らのデビューシングルのタイトルを見て思ったのである。「白い暴動？暴動が白いってどういうことだ？」と。そこで自分なりに調べてみると、それは割と知られているエピソードであった。1976 年 8 月末、クラッシュのジョー・ストラマーとポール・シムノンは、ロンドンのノッティングヒル・カーニヴァルを見に来ていた。そこで黒人と警察による「暴動」を目の当たりにした 2 人は衝撃を受け、「あいつら（黒人）は自分たちが直面する問題に向きあい、石を投げて暴動を起こしている（抵抗している）のに、自分たちは飼いならされてしまっていいのか」と自問し、『白い暴動』を制作したというものである。なるほど、だから「俺には白い暴動が必要だ、俺自身の暴動が」という歌詞だったのだ。しかし、これは次のような、さらなる大きな疑問を生じさせるきっかけにすぎなかった。「じゃあ、そもそもジョーやポールが目の当たりにした『黒い暴動』っていったい何だ？なんで黒人はロンドンの路上でカーニヴァルをやってるんだ？」本章では、このような疑問から出発し、ノッティングヒル・カーニヴァルの誕生に至るルートをたどってみたい。

1. 奴隷たちの隠れた抵抗

ノッティングヒル・カーニヴァルは、イギリスの首都ロンドンのノッティングヒル地区で毎年 8 月の祝日（2 日間）に開催され、例年約 200 万人が集まるヨーロッパ最大の路上イベントである。みなさんは「カーニヴァル」と聞いて何をイメージするだろう。多くの人にとっては、ブラジルのリオに代表される「ラテンのノリ」の陽気なお祭りかもしれない。では、そもそも「カーニヴァル」とは一体何なのか。その語源には諸説あるが、ラテン語の Carne Vale（肉よ、さらば（万歳））に由来するといわれる。中世ヨーロッパのカトリック文化

圏では、食事の節制と祝宴の自粛をする四旬節（2月〜3月頃）の前に、「謝肉祭」という祝祭が行われていた。そう、カーニヴァルとは、もともと、節制生活に入る前に、肉に対してしばしの別れと感謝をささげる祭り「謝肉祭」のことだったのである。ミハイル・バフチン（Mikhailovich Bakhtin）によれば、中世ヨーロッパの人々は日常の規範的でストイックな公式文化と、民衆的・祝祭的でカオスなカーニヴァル的文化の二重の世界に生きていたという（バフチン 1980）。一方、民衆主義をナイーブに称揚しているようにみえるバフチンの議論を批判的に継承したストリブラスとホワイトは、社会的マイノリティ集団（女性や「こちら側に属さない者」）を「暴力をもって差別し、悪魔化する」カーニヴァルは、結局のところ支配文化と共犯関係あると指摘している（ストリブラス・ホワイト 1995: 35）。

　では、中世ヨーロッパのカーニヴァル（謝肉祭）が、いったいなぜ「ラテンアメリカ」のカーニヴァルとなったのだろうか。ヨーロッパと「ラテンアメリカ」をつなぐもの、それは大航海時代以降の**三角貿易（奴隷貿易）**に他ならない。大航海時代とは、まず「ラテンの国」ポルトガルやスペインが、次いでイギリスやフランスがヨーロッパ以外の地域を自分たちの経済構造（**近代世界システム**）に組み込んでいった時代である。その過程において「新大陸」が「発見」され、植民地にされていった。「新大陸」では原住民を使った砂糖やたばこ、綿などの大規模プランテーションが展開され、ヨーロッパに莫大な富をもたらした。しかし、入植者たちが持ち込んだ天然痘やチフスなどによりすぐに原住民は壊滅状態となり、ポルトガルやスペインは使える労働力を「調達する」必要性に迫られることになる。そこでかれらは西アフリカの部族に武器やラム酒を売り、そこで奴隷を「調達」し、ラテンアメリカやカリブ海諸島に連れて行き、プランテーションでの過酷な労働につかせた。そして奴隷たちが生産した砂糖や綿をヨーロッパへと持ち帰り巨万の富を得る。これこそが三角貿易であった。

　奴隷として見知らぬ土地に連れていかれ、過酷な労働を強いられた人々は、そのような境遇に従順だったのかと言えば、もちろんそんなことはない。かれらは奴隷制に対し、時に激しく抵抗した。例えば、1734年と1795年には、ジャマイカの逃亡奴隷たちが蜂起しマルーン戦争へと発展した。また、1791年から1804年にかけてはハイチ革命が起こり、史上初の黒人共和国が誕生した。

しかし、このような奴隷たちによる武装蜂起は非常にまれであった。SNSで「拡散希望。明日武装蜂起するから、一人一つ武器を持って何時に〇〇に集合してね。」と気軽に仲間を募ることなどできない時代である。ましてや囚われの身なのだ。奴隷たちは抵抗したくても人や武器を集めることなどできなかった。そのかわりに奴隷たちが実践したのが、暴力を伴わない「隠れた抵抗」である。ガブリエル・アンチオープ（Gabriel Entiope）やシドニー・ミンツ（Sidney W. Mintz）らの研究（アンチオープ 2001; ミンツ 2000）によれば、それはたとえば、仮病、サボり、「仕事ができないやつ」を装う、聞こえなかったふりなどである。状況はまったく違うとはいえ、みなさんも威張り散らしてくる部活の先輩や、忙しい時に限って頓珍漢な指示を出してくるバイト先の店長に対して、このような「隠れた抵抗」をしたことがあるだろう。もちろん、奴隷たちはもっと激しい抵抗もしている。「薬物使用」でみずからを使いものにならなくしたり、意図的に「将来の貴重な労働力」を中絶したりすることもあった。さらには、ダンスや音楽、カポエイラといったクリエイティブな「抵抗」を生み出していく奴隷たちもいた。

　こうしたなか、18世紀後半のスペイン領トリニダードでは、「隠れた抵抗」として物まね（mimicry）やおちょくり（mockery）をするものたちがいた。当時、現地を訪れたヨーロッパ人たちの祝祭や舞踏会を見た奴隷たちは、表向きには自分たちの仕事を淡々とこなしつつ、「主人たち」のいないところで彼らの物まねをしておちょくっていたのである。ここでもう一度先輩や店長を思い出してほしい。みなさんも、きっと陰で先輩や店長の物まねをしておちょくったことがあるはずだ。

　このような物まねとおちょくりによる「隠れた抵抗」は、1802年にトリニダードがイギリス領となってからも続けられた（1888年にはトバゴ島と併合され、トリニダード・トバゴ植民地と名づけられた）。そのイギリスでは、1833年、制度としての奴隷制は廃止され、「奴隷」たちは「解放」された。彼らは自分たちを支配してきた奴隷主をまねて顔を白く塗り、歌い踊りながら街を練り歩き、何世紀にもわたって自分たちを拘禁してきた奴隷制の「終焉」に歓喜の声をあげた。しだいに、そうした音楽や踊りにアフリカの芸術的要素が加わり、ついには、凝った衣装、スティールドラム、カリプソの音楽に彩られる祝祭空間、

カーニヴァルが誕生したのである。これ以降、カーニヴァルはトリニダード・トバゴの国民的行事として盛大に行われていくことになる。

2. 「ロンドンは僕のための場所」か？
：イギリスにおけるレイシズム

　さあ、ようやく舞台をイギリスに移そう。第二次世界大戦後、イギリスは深刻な労働力不足に陥る。一方、トリニダード・トバゴなどカリブ海諸島の植民地は危機的な仕事不足に直面していた。宗主国と植民地の利害は一致し、「そうだ、イギリスに移民させよう！移民しよう！」となったのである。実際、1948年のエンパイア・ウィンドラッシュ号の到着を皮切りに戦後のイギリスにはカリブ海諸島からの移民が急増し、たとえばトリニダード・トバゴからは1955年から61年にかけて、約1万人が移民している。では、当時のトリニダード・トバゴの人たちにとって、イギリスとはどんな場所だったのだろうか。それをよく表している歌がある。トリニダード・トバゴ出身のカリプソ歌手ロード・キッチナー（1922～2000）が1948年に発表した（レコーディングは1951年）、『ロンドンは僕のための場所』（London is the Place for Me）である。歌詞の一部を見てみよう。

> ロンドンは僕のための場所
> ロンドン、この素敵な街
> 僕を信じて、僕は偏見なくしゃべっているんだ
> 僕は「本国」を知れてうれしいよ
> 数年前、いろんな国を旅したけど、ここが僕の知りたかった場所なんだ

　このキッチナーの歌詞のように、多くの移民たちは希望をもってイギリスにやってきたのかもしれない。だって「仕事があるから来てくれ」と言われたのだから。しかし、現実は違った。かれら移民に対する差別や嫌がらせが横行したのである。それは路上での暴力・罵声という直接的なものから、レストランや不動産屋での「移民お断り」という張り紙など多岐にわたった。とりわけ、カリブ系移民が多く住んでいたノッティングヒル地区ではこうした問題が深刻であり、移民たちの怒りとかれらに対する「敵意」で同地区は不穏な空気に包

まれていた。そして、1958年夏、こうした緊張感は頂点に達し、「爆発」した。8月23日の夜、**テディ・ボーイ**と呼ばれたグループを中心とした若者たちが、鉄パイプ、自転車のチェーン、ナイフなどを手にノッティングヒルに集結し、「イギリスを白く保て！」、「黒人にリンチを！」などと叫びながら、移民の家々に石やレンガ、火炎瓶などを投げつけ、また路上を行く移民たちを無差別に襲ったのである。さらに1週間後の8月30日にも移民の住宅が襲撃され、放火された。行動はより一層過激になり、石やレンガだけでなく火炎瓶や手製爆弾が移民の家などに投げ込まれ、小競り合いや激しい衝突が昼夜の区別なくくり返された。白人の攻撃がますます過激化していく一方で、移民たちも反撃し、女性たちも戦列に加わっていった。このように1週間近く続いた騒擾は、9月3日が大雨だったこともあり、4日には一応の「沈静化」をみた。この日までに逮捕されたものは140人にのぼり、そのうち約4分の1が移民であった。

■■ 3. │ カーニヴァルを再創造する

　1958年夏のノッティングヒル暴動は、激しく顕在化したレイシズムという暴力にどう対処すればいいのかという問題を移民たちに突き付けた。これに正面から向きあった一人が、トリニダード・トバゴ出身でアメリカでも公民権運動に関わっていたクラウディア・ジョーンズという人物であった。彼女は自身が主宰するイギリス初の移民系新聞『西インド・ガゼット』に、ノッティングヒルでの暴力に対する強い抗議文を載せるとともに、同地区でのデモ行進を企画した。その際、彼女が参考にしたのが、生まれ故郷であるトリニダード・トバゴのカーニヴァルであった。もちろん、参考にしたのは、カーニヴァルの様式だけでなく、奴隷制度や植民地主義に対抗するというカーニヴァルの元々の目的であった。これがイギリスで行われた最初の「カリブ風」カーニヴァルである。ただし、ジョーンズは1964年に亡くなっており、現在のノッティングヒル・カーニヴァルと直接つながっているわけではない。現在のカーニヴァルの原型は1966年に同地区に住むカリブ系移民ではないローン・ラセットたちが始めたものであるが、当初のそれは「イギリス風のフェア」であった。カーニヴァルが本格的に「トリニダード化」していくのは1970年代に入ってから

である。

　クラウディア・ジョーンズがイギリスではじめてカーニヴァルを企画した際、トリニダード・トバゴのそれを参考にしたように、トリニダード・トバゴの人々にとってカーニヴァルは大変身近なものであった。イギリスに渡ったトリニダード・トバゴの移民たちも仮面舞踏、行進、衣装に関する技術をもっており、さらにカリプソのようなカーニヴァル音楽にも親しんでいた。そして何より、トリニダード・トバゴ出身の移民たちにとってカーニヴァルとは、奴隷解放の歴史、植民地主義への対抗の象徴であった。ノッティングヒル・カーニヴァルは、そうした人々にとって、トリニダード・トバゴのカーニヴァルを再創造するための、またとないイベントとして機能することになる。1973年には、そのトリニダード・トバゴ出身の教師兼ミュージシャンであったレズリー・パーマーがカーニヴァル運営のリーダーとなった。パーマーはトリニダード・トバゴに戻り、カーニヴァルの組織や芸術形態を学び直し、ノッティングヒル・カーニヴァルを本格的に「トリニダード化」させていった。

　パーマーたちにとって重要な課題だったのは、カーニヴァルに興味を示さない移民たち、とくに若者をどのようにして取り込んでいくかであった。カリブ系移民のなかで、もっとも数が多かったのはジャマイカ出身者だったが、パーマーは当時のジャマイカ系移民たちに広まっていた**レゲエ**やその背景にある**ラスタファリ運動**（エチオピアの皇帝ハイレ・セラシエ1世を救世主とする宗教的思想運動で、アフリカ回帰主義、ドレッドヘア、ガンジャ（大麻）の使用などが特徴と言われている）に注目し、1975年、カーニヴァルにレゲエのサウンドシステムを導入した。それにより、移民の参加者は飛躍的に増加し、トリニダードのカーニヴァルからカリブ海のカーニヴァルへと発展していったのである。

■ 4.｜「危機」を取り締まる

　しかしカーニヴァルへの若者の参加は、警察の過剰な反応を引き起こすことにもなった。1970年代イギリスにおける警察の取締りの実態に関する研究としては、スチュアート・ホール（Stuart Hall）たちの研究『危機を取り締まること』（Hall et al. 1978）がよく知られている。1972年11月5日、バーミンガムに

住むアイルランド出身の季節労働者が帰宅の途中に、カリブ系移民の若者3人にくり返し殴打された上、金品を強奪された。関わった少年たちは後に逮捕され、執行猶予付きの刑が宣告された。これを前後して「**マギング**（路上強盗）」という言葉がメディアで大きく取り上げられていった。『危機を取り締まること』は、このマギングへの不安が頂点を迎えていた1972年8月から73年8月までの13ヵ月の期間に焦点を当て、調査している。この間、マギングが129％増加したと大きく報道されたが、ホールらによれば、そもそもマギングという法的範疇がなかったのだから、その増加率を計ることは不可能であり、この統計自体、なんら証拠をもたないものであった。ではメディアが牽引したこの全国的「パニック」は一体なんだったのか。ホールたちは「**モラル・パニック**」という用語を用いて、「移民」「若者」「犯罪」が戦後イギリス社会において、いかに広範な社会不安の潜在的比喩となっていったのかを分析している。こうして作り上げられたイギリス社会の「危機」を、警察が「取り締まって」いったのが1970年代という時代だったのである。ホールのもとで学んだポール・ギルロイ（Paul Gilroy）も「黒人たちは本質的に犯罪者である、あるいは少なくとも貧困を同じく共有している白人の住民よりも犯罪を行いやすいという、1970年代初頭に『常識』となった見方は、黒人問題の新しい定義づけ、ならびに人種をめぐる言語や論法の新しい型が生じていくためには不可欠である」（ギルロイ 2017: 257）と述べ、黒人は違法行為をしやすい潜在的な犯罪者であるため、「イギリスらしさ」とは相容れないものである、という考えが、警察の論理として定着していたと指摘する。

このように移民の若者たちは「潜在的犯罪者」であり、加えて、ラスタファリ運動が「無秩序で急進的な運動、非合法なサブカルチャー」と認識されていたこともあり、1976年、警察はそれまでの方針を変え、前年40人だったカーニヴァルの警備を、一気に1500人にまで増やし取締りを強化した。これにより、この年のカーニヴァルは始まる前から参加者の反発ムードは高まっていた。そして、警察が移民の一人をスリの疑いで逮捕しようとしたことで、導火線に火が付いたのである。その結果、この年のカーニヴァルは負傷者456人、逮捕者60人を出す「大暴動」となったのである。ジョー・ストラマーとポール・シムノンが経験した「黒い暴動」とはまさにこれだったのである。近年、

アメリカで警察による黒人への暴力に端を発した反レイシズム運動 Black Lives Matter が盛り上がりを見せているが、これは「現在」の「アメリカ」の問題ではない。イギリスでも移民たちはずっと警察の差別的取り締まりを受け、そしてずっと「抵抗」してきたのである。ノッティングヒル・カーニヴァルはそうした文化的抵抗のひとつの「やり方」だったのだ。

　本章は、クラッシュのデビューシングル『白い暴動』を入口に、ノッティングヒル・カーニヴァル誕生までのルートを（非常にラフに）たどってきた。「クラッシュかっけー！」と無邪気に叫んでいたあの日の中学生が、まさか「いや、それはアンチオープがね……、これはギルロイがね……」と語ることになろうとは夢にも思っていなかった。みなさんも心に衝突してくるような文化があれば、ぜひそこに介入してみてほしい。その文化以上にひりひりとした緊張感と興奮を覚える経験になるかもしれないからだ。

（稲垣　健志）

〈読者のための文化案内〉

＊映画『ビギナーズ』（ジュリアン・テンプル監督，1986年）：1958年のノッティングヒル暴動を中心に描いた映画。デヴィッド・ボウイも出演している。

＊映画『白い暴動』（ルビカ・シャー監督，2019年）：そのデヴィッド・ボウイの「人種差別的」発言をきっかけに1976年に結成されたロック・アゲインスト・レイシズムの活動を回顧するドキュメンタリー。クラッシュも参加した1978年のコンサート様子も見られる。

〈引 用 文 献〉

バフチン，ミハイル、川端香男里訳，1980,『フランソワ・ラブレーの作品と中世・ルネッサンスの民衆文化』せりか書房.

アンチオープ，ガブリエル、石塚道子訳，2001,『ニグロ，ダンス，抵抗——17〜19世紀カリブ海地域奴隷制史』人文書院.

ギルロイ，ポール、田中東子・山本敦久・井上弘貴訳，2017,『ユニオンジャックに黒はない——人種と国民をめぐる文化政治』月曜社.

Hall, Stuart, Chas Critcher, Tony Jefferson, John Clarke, and Brian Robert, 1978, *Policing the Crisis: Mugging, the State, and Law and Order*, London: Palgrave Macmillan.

ミンツ，シドニー W.、藤野和子編訳，2000,『［聞書］アフリカン・アメリカン文化の誕生——カリブ海域黒人の生きるための闘い』岩波書店.

ストリブラス，ピーター、ホワイト，アロン、本橋哲也訳，1995,『境界侵犯——その詩学と政治学』ありな書房.

■■■ 研究コトハジメ：「真似る」という文化実践 ■■■

　本文で見たように、カリブ諸島のカーニヴァルは、奴隷たちが「主人」の文化を真似て嘲笑したことに始まる。とすれば、白人の人種差別に対抗するカーニヴァルは、どこまでいってもしょせんは「その白人の真似でしかない」と言うこともできるのである。当時の人々はこのディレンマをどのように考えたのだろうか。トリニダード・トバゴ出身のダーカス・ハウは、1976 年の「暴動」後、カーニヴァルを仕切る立場に立った人物である。その叔父で著名な思想家だった C. L. R. ジェームズは、ハウの招きにより晩年をロンドンで過ごし、地域の人々にレクチャーなどを開いていた。ジェームズは、カーニヴァルなどのカリブ文化がヨーロッパ文化の「くずれた」「劣った」ヴァージョンであるという見方を拒否し、旧植民地の人々の文化的アイデンティティの重要性を指摘し、それまで語られることがなかった民衆文化に光を当てた人物である。彼が提唱したのは、ヨーロッパとは異なる「自分たちの純粋な文化」を求めることではなく、ヨーロッパ文化から諸要素を批判的に奪い、そこからあらたな文化を形成していくラディカルな実践であった。植民地における支配文化のあざけりと物まねから始まったカーニヴァルは、まさにそうした実践の最たるものだったと言えよう。

　少し「遠い話」に聞こえるだろうか。では、より身近なスポーツにおける「模倣性」を扱った山本敦久の議論を見ておこう。山本によれば「どれほど卓越したスポーツのスキルやパフォーマンスであれ、それはオリジナルでもなければ『自然』なものでもない」（あのイチローのバッティングフォームも、メジャーリーガーのケン・グリフィー Jr. の「まね」だ！）。つまり「スポーツにおけるスキルやスタイルは、時間や空間を越えて異質なものが接触し模倣し合う空間を創り出し、そこで鍛え上げられ、同一化の手前で逸れてまだどこかに移動する」（山本 2004; 80）のだ。これはスポーツだけの話ではない。好きな歌手の歌い方、好きな画家の筆さばき、好きなモデルの着こなし、それを真似ることであらたな創造的スタイルが生まれることがある。「真似る」という行為は、ラディカルでクリエイティブな文化実践になりうるのだ。

〈引 用 文 献〉
　山本敦久, 2004,「模倣領域――複数性としてのスポーツ技芸」伊藤守編『文化の実践、文化の研究――増殖するカルチュラル・スタディーズ』せりか書房.

9

『三つ目がとおる』と
失われた過去の〈場所〉マヤ文明

> 漫画『三つ目がとおる』（手塚治虫、1974-1978）の主人公、写楽保助は、現代に生きる三つ目族の末裔だ。バンソウコウに隠された第三の目が現れると思いがけない閃きと超能力を発揮する。能力を駆使して、写楽は相棒である和登さんとともに次々と起こる奇妙な事件を解明し、はるか古代に滅んだと考えられている三つ目族の謎に迫る。
>
> 本章ではこの漫画作品の、とくにマヤ遺跡が登場する「怪鳥モア」の回を取り上げながら、「失われた過去」や「未知なる場所」といった、しばしばマヤ文明を表す言葉について考える。それはだれにとっての未知なのか。その「過去」からはどんな情景が思いおこされるだろうか。わたしたちが普段何気なく見たり、読んだり、聞いたりする特定の〈場所〉に関する表現を通して、歴史を想像／創造することについて、考察の糸口をひとつ示してみたい。

■■ 1. 二つの表象：三つ目とマヤ文明

■ 1. マヤ文明とはなにか

マヤ文明とはなにか。メキシコ南部やグアテマラ、エル・サルバドルなど現在中米と呼ばれる地域を中心に、スペインの植民地となる16世紀以前のいくつかの時期に発展した人々の営みの総称を指す。これまでの考古学研究からこの地域では土器を作り、死者を埋葬し、灌漑農耕のしくみでとうもろこしを栽培し、星を読み、象形文字を記し、信仰をもっていたことがわかっている。ただし、その起源や地理的領域に関してはいまだ議論の渦中にあり、はっきりと定義することは難しい。そもそも「マヤ」という呼称がいつから使われるようになったのかもはっきりしない。筆者のメキシコ大学院時代の指導教員ホセ・ルイス・エスカロナは、「マヤ」とは近代に誕生した用語であり、言語学・考古学の発展によって民族の分類が必要になったことにより使用され始めたのだろうという立場をとる。

マヤ文明は科学の世界にとどまらず、数多の映画や本の世界にも登場する。読者のみなさんはマヤ文明と聞いてどんなイメージを抱くだろうか。

■ 2.『三つ目がとおる』に描かれるマヤ遺跡

　『三つ目がとおる』の「怪鳥モア」の回、写楽はひょんなことから絶滅種モ
アに似た、金を飲み込む習性をもつ巨大鳥の雛を育てることになる。親鳥が腹
にメキシコ硬貨ペソを溜め込んでいたこと、殺し屋ケツアル（メキシコ中央部の
先住民の言語ナワトルで「（長く美しい）尾羽」の意味）が鳥を狙っていることなど、
さまざまな状況から犬持博士（写楽の育ての親）たちは鳥がメキシコからやって
きたのではないかと見当をつけ、鳥を運び出す。犬持博士一行はメキシコシ
ティの研究所に鳥を収容するものの、写楽が鳥を檻から解放し、鳥とともに遺
跡近くの村へと飛び出していく。写楽は、村で和登さんに瓜二つのセリーナと
知りあい、後を追うケツアルと秘境の遺跡で対峙する。

　ケツアルやその親玉との勝負はいくつもの**古代遺跡**で繰り広げられ、古代の
競技場や生贄が投げ込まれた泉（セノーテ）が描かれている。また写楽のバン
ソウコウを剥がすのにナバの木を油脂として利用するなど、現地の人々の営み
も物語のなかに組み込まれている。遺跡群の描写も写実的だ（図9-1左）。手塚
はこの回を描くにあたって実際にメキシコを訪れ、チアパス州にあるパレンケ
遺跡などで建造物をスケッチしたという（森 2010: 409）。手塚は、リアリス
ティックなマヤ像を描くことに努めつつ、そこにフィクションの物語を織り込
む。マヤ文明が発展する過程に三つ目族の痕跡を匂わせるのだ。地下に三つ目
をもつ人物を祀る棺があり、その棺には三つ目のレリーフがのせられている
（図9-2左）。

■ 3. 写楽の第三の眼

　漫画は概して人物の特徴を誇張し、目に見える形で描写する。写楽の場合、
三つ目が現れるのを合図に、人間離れした知識と能力を発揮する。そのことか
ら三つ目が超能力の記号であることがわかる。ほかに三つ目表象から読み解け
るものはないだろうか。

　第三の眼をもつ人物は他の漫画作品にも登場する。『幽☆遊☆白書』（冨樫義
博、1990-1994）の飛影や『ドラゴンボール』（鳥山明、1984-1995）の天津飯、最近
では『ONE PIECE』（尾田栄一郎、1997-）のシャーロット・プリンがいる。天津
飯は宇宙から到来した三つ目人の子孫、プリンもまた三つ目族の末裔であり、

現代で広くは失われてしまった、遠い過去から受け継いだ能力の継承者であることがわかる。それに対して飛影の三つ目は後天的なものだ。千里眼という先を見据える能力をもつ。

　手塚は三つ目族の発想を、インドや東南アジア地域で見られる額に縦に割れた第三の目を持つ偶像から得たようだ（手塚 2010: 406）。「怪鳥モア」の回では、写楽の先祖である三つ目の人物の墓がマヤ古代遺跡にあることから、登場人物の一人は、マヤ文明は三つ目族から知識や技術を授かったのではないかと語る。高度な文明を築いたものの滅んでしまったため、謎に包まれたままの三つ目族だが、その存在がマヤ文明の発展の核にあることが示唆される。また、セリーナのおでこに三つ目のように見えるあざがあり、ここからもマヤ民族と三つ目族をつなげる印が表されている。三つ目とはつまり、今では失われた謎めいた過去を暗示する記号のようだ。

2. マヤ文明表象とポストコロニアリズム

1. 冒険譚の〈場所〉：古代文明と黄金郷

図9-1　**統治者の宮殿**（ウシュマル遺跡）。左：ⓒ手塚プロダクション　手塚治虫（『三つ目がとおる』、2010、7巻、365）／右：フレデリック・キャザーウッド（*Views of Ancient Monuments in Central America, Chiapas, and Yucatan, 1844, plate10*）

『三つ目がとおる』のなかで古代遺跡群は過去の秘密を隠しもつ場所となっている。地下の隠し扉の奥には三つ目族の遺体を祀る空間がある。遺跡には歴史の謎を解く鍵があるのだ。この漫画にかぎらず、古代遺跡はしばしば、かつての栄光を物語るノスタルジックな〈場所〉として表象される。テレビ番組『世界ふしぎ発見！』や映画『インディ・ジョーンズ』シリーズを思い浮かべてもらえればいい。そこはかつての人々の営みの痕跡を現在に表す地点、つまり過去と現在の接続地点として広く**冒険物語**の舞台になってきた。

　さらに、遺跡は古代の財宝が埋蔵されている場所として描かれることも多い。トレジャーハントを題材にした物語はたくさんある。写楽もまた、金の匂いに引き寄せられる鳥の習性によって秘境の古代遺跡のうちのひとつに辿り着き、金貨の山を発見する。そこは「黄金郷エル・ドラド」だった。この財宝を資金に三つ目族の帝国を再建するのだと写楽は豪語する。

　古代遺跡はだれにとって探検の舞台だったのだろうか。実際にマヤ文明について興味関心をもち、足を踏み込んだ者たちは、今から2世紀ほど前のイギリス、フランス、アメリカなどの知識人たちだ。この探検家たちは多くがアマチュアの考古学者で、諸帝国間の覇権争いの下、スペインから独立したメキシコや中米地域で遺跡を「再発見」し「調査」することができた。未開の土地に赴いて宝や知を「発見」するという物語のモチーフは、西欧による**探検事業**と切っても切れない関係にある。つまり、諸帝国が非西欧文化圏へと領土を拡大し、探検事業を推進する過程でこそ、非西欧圏の古代文明はミステリアスでノスタルジックな過去の〈場所〉として描かれるようになった。

2. 西欧知識人の語る「失われた過去」

　16世紀、スペインの植民地政策のもと、ほかの多くの中南米地域と同様にマヤの土地は奪われ、そこに住む人々がもっていた言語も生活様式も信仰も虐げられた。そこに存在していた文明は破壊され、過去のものとして処理された。19世紀になると、当時隆盛した探検事業を通して、西欧の知識人が廃墟と化したマヤ遺跡やその文明特有の「不可解な」文字や紋様や信仰を見出す。

　遺跡を表象したりマヤ文字を解読したりする試みのうちに、当時の探検家はマヤ文明を空想的、神話的世界と結びつけて語り、ほかの非西欧の古代文明と

の類似点をあげて両者を同一視した。「マヤ文明はアトランティスの子孫の手で発展した」、「マヤ王と死に別れた女王ムーがエジプトに渡りスフィンクスを建設した」、パレンケ遺跡の太陽の神殿と日本の祠の相似性を唱えた者もいる。帝国「ムー」（通称ムー大国）は彼らがマヤ文字を誤解したことから創り出された空想世界だ。西欧知識人は遺跡建造物を写真に撮ったりスケッチしたりしながら、マヤ文明に関する各々の仮説を公表した（図9-1右）。こうしてマヤ文明は西欧知識人のあいだでその想像力のもとに象られ、ロマンティックな世界観のなかで**「失われた未知なる過去」**として表象されるようになる（Evans, 2004; Castañeda, 1996）。

■ 3. ポストコロニアリズムとはなにか

「帝国主義的ノスタルジー」という用語がある。人類学者レナート・ロサルドが用いたものだが、この言葉が示すのは、支配的立場にある者が被支配者の文化や生活に対して抱く憧憬である。この感情には自己と遠く切り離しながら他者を思い描き、自己の観点から表象することの暴力性が潜んでいる。けれども同時に、他者を自己の規律のもとに作り出した純粋無垢なファンタジーで覆ってしまうため、その暴力性は忘却される（Rosaldo 1989）。マヤ文明を「失われた未知なる過去」としてとらえるまなざしは、植民地支配や探検事業の暴力性に向けられることはなく、ロマンティックな冒険譚に向けられている。

「失われた未知なる過去」というモチーフはかつての西欧にかぎらず、現代の日本でも漫画作品を含めたさまざまな媒体に表れている。読者は「失われた過去」にまつわる物語を通して西欧知識人／冒険者のまなざしを体験することになる。植民地主義が歴史にもたらした影響とその存続性を認めた上で、社会や文化に根づく他者に対するとらえ方について批判的に考察する姿勢を**ポストコロニアリズム**と呼ぶ。この見地では、そもそも他者の文化を語るとはどういうことなのか、支配者はどのような語り方に興じてきたのか、被支配的な立場にある他者はみずからの声を発することができるのか、支配的な語りにはどのような翻訳が可能なのか、といったことが問われてきた。

3. 戦後日本のオカルトカルチャーと手塚のジレンマ

1. 70 年代のオカルトブーム

『三つ目がとおる』の物語にも例にもれず、西欧ロマンティシズムを骨格とした失われた未知なる過去の〈場所〉が設定されている。他方で、手塚が西欧のまなざしをそのまま踏襲しているわけではない。むしろ、この作品の古代文明たる〈場所〉には戦後の日本で想像／創造された他者像、そしてそれを享受しながら同時に**翻訳**しようと試みる手塚の葛藤をとらえることができる。最後にこれについて、筆者なりの考えを記しておきたい。

手塚は、この作品が当時のオカルトブームに影響を受けていることを公言している（手塚 2010, 7: 407）。1970 年代半ばに超能力や予知能力、心霊などの超自然的な現象を取り上げた漫画やテレビ番組が日本で人気を博し、数多く作られた。ラテン語で「隠されたもの」を指すオカルトは本来、科学的合理性とかけ離れたものではない。むしろ近代科学の発展と不可分の関係にある。空想世界と結びつけた西欧探検家の仮説を思い返すと、彼らのなかには超自然的で神秘

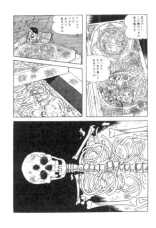

図 9-2　パカルの棺（パレンケ遺跡）（左：© 手塚プロダクション　手塚治虫『三つ目がとおる』, 2010, 7 巻、261、右：© たかしげ宙, 皆川亮二／小学館　たかしげ宙・皆川亮二『SPRIGGAN［スプリガン］』, 2006, 小学館, 文庫版 2 巻、3。吹き出しに「宇宙船に乗った飛行士のような浮彫」とある）

的な事柄を研究対象とする者がいた。日本の場合、敗戦後、転換を迫られたメディアが同じ境遇にあったエスノグラフィーと足並みを揃えながら、国内外の未知なる〈場所〉を表象するようになり、**オカルトカルチャー**が発展していく（飯田 2007; 金子 2009）。

エスノグラフィーは実地的な調査の上に成り立つ学問だ。その学問と歩調を合わせることで日本のオカルトカルチャーは、超自然的テーマを実証的方法論と写実的描写を用いて語る技法を発展させていく。たとえば、漫画『SPRIGAN（スプリガン）』（たかしげ宙・皆川亮二、1989-1996）は、実際に 50 年代パレンケ遺跡で発見されたパカルの棺に宇宙に関わる浮彫をのせ、マヤと宇宙との接点をほのめかす（図9-2 右）。『三つ目がとおる』が実在の遺跡群を写実的に描写しながら三つ目族のレリーフを棺に重ねていることも、この特徴に類するものがある。作中に実在の遺跡や発掘品、古代の神々が登場するが、まさにそれらが科学的に立証されない超常現象の発端となる。言い換えれば、物語のなかで遺跡や歴史上実在する人物・出来事は信憑性・本当らしさの記号でありながら、同時に、「未知なる過去」として非科学的な事象の記号としても作用している。

■ 2.「失われた過去」と現代に生きる写楽

ただし、手塚は最後まで写楽の先祖三つ目族が一体何者だったのか明らかにせず、謎のままに『三つ目がとおる』を閉じている。たしかに作中でマヤを含めた多くの古代文明が三つ目族の文明を起源にもつのではないかと示唆されるものの、そうした発言はあくまで登場人物たちのあいだに生まれる推測の域を出ない。あえてここに作者が抱える**ジレンマ**を読んでみたい。手塚はマヤ遺跡を訪れた旅行でイースター島やインカ遺跡へも足を運び、その経験から非西欧古代文明の独自の発展を認めずに宇宙起源として片づける姿勢を見直している（手塚 1997: 192-193）。この宇宙起源説というのはオカルトブーム下に盛り上がったのだが、これは裏を返せば古代文明の独自の発展を認めず、宇宙という未知の空間に回収してしまうもので（橋本 2009）、西欧の冒険家が未知なる過去としてマヤ文明を神話化したことに通じる。このことをふまえて、手塚は三つ目族の出自を特定し、多様な古代文明とその歴史を同一視して語ることに違和感を

覚えたのではないだろうか。だからこそ、三つ目族とはなんなのか、起源の
〈場所〉を特定しないままに物語を終えることによって、西欧中心主義的なま
なざしを少しでもぼかし、曖昧なものにしようとしたのではないだろうか。

　三つ目族の末裔写楽は現代人でもあり古代人でもある。この二つが写楽のな
かに内在している。三つ目族の文明を蘇らせて現代社会を破壊すると言う写楽
にセリーナは、あんたは現代人だ、古い話よりも今の世界が大事だと思わない
か、と問う（手塚 2010, 7: 364）。あんたはこの世界で生きているのだからと。そ
して「怪鳥モア」の回は、高度な技術をもった古代文明が滅びたのだから現代
だってどうなるかわからない、という言葉で閉じられる。『三つ目がとおる』
はマヤ文明を、失われた過去として描きながらも、他方では戦後の日本社会を
投影する〈場所〉として翻訳しようと試みたのではないだろうか。

（鋤柄　史子）

〈読者のための文化紹介〉

＊グアテマラ映画『火の山のマリア』と『ラ・ヨローナ〜彷徨う女〜』（ともにハイロ・ブス
　タマンテ監督，ラ・カサ・デ・プロダワシオン，2015 年／ニュー・ライン・シネマ，2019 年）

＊文学ではユカタン・マヤ現代の作品『夜の舞・解毒草』（イサアク・エサウ・カリージョ・カン、
　アナ・パトソシア・マルティネス・フナン）『言葉の守り人』（ホルヘ・ミゲル・ココムペッチ）『女
　であるだけで』（ソル・ケー・モオ）（すべて吉田栄人訳，国書刊行会刊，2020 年）
　：現代マヤ社会を描いた文化作品

〈引　用　文　献〉

Castañeda, Quetzil E., 1996, *In the museum of Maya culture Touring Chichén Itzá*, London:
　University of Minnesota press.

Evans, Tripp R., 2004, *Romancing the Maya: Mexican antiquity in the American imagination, 1820-
　1915*, Austin: University of Texas Press.

橋本順光, 2009, 「デニケン・ブームと遮光器土偶＝宇宙人説」吉田司雄編著『オカルトの惑星　1980
　年代、もう一つの世界地図』青弓社，85-110.

飯田卓, 2007, 「昭和 30 年代の海外学術エクスペディション――「日本の人類学」の戦後とマスメディ
　ア」『国立民族学博物館研究報告』31（2）: 227-285.

金子毅, 2009, 「オカルト・ジャパンの分水嶺―純粋学問としての人類学からの決別」吉田司雄編著『オ
　カルトの惑星――1980 年代、もう一つの世界地図』青弓社，41-62.

森晴路, 2010, 「「三つ目がとおる」解説」手塚治虫『三つ目がとおる』7 巻，講談社.

Rosaldo, Renato, 1989, *Culture and Truth: The Remaking of Social Analysis*, Boston: Beacon Press

　（椎名美智訳，1998，『文化と真実——社会分析の再構築』日本エディタースクール出版部）．

たかしげ宙・皆川亮二，2006，『SPRIGGAN［スプリガン］』第２巻，小学館．

手塚治虫，［1974-1978］2010，『三つ目がとおる』全７巻，講談社．

手塚治虫，1997，『手塚治虫エッセイ集④』講談社．

■■■ 研究コトハジメ：ゆさぶる「目」を身につける ■■■

　筆者がはじめてメキシコを訪れたのは 2011 年、修士課程２年の時だ。ちょうど翌年の 2012 年にマヤ暦の周期が一つ終わることから、出発前、筆者の周囲では人類滅亡説が話題になっていた。筆者は、またそんなデタラメをと聞き流しつつも、ではマヤやアステカについて何か知っているかと問われれば、スペイン征服以前に栄えていた文明で、ピラミッドや翡翠（ひすい）の仮面や羽のあるヘビなどに象徴されるということしか頭に浮かんでこなかった。そうしてメキシコの土地を踏んだ時、その文化や歴史や人々の暮らしについて自分がいかに無知であったかを肌身で思い知ることになった。とくに、現在先住民と呼ばれる人々の、植民地時代からの長きにわたるしたたかな営みや、独立後の近代化政策を経てもなお直面する搾取や開発事業の脅威に抗い生きる現在進行形のその姿にあまりにも無関心だったこと、教科書に書かれたうわべの歴史しか頭になかったことを恥ずかしく思った。また先住民と一口に言ってもその姿は多様で、言語も違えば生活様式も土地によって異なる。「マヤ」とまとめられる文化圏のなかにも多くの言語とさまざまな信仰のあり方があった。

　ある特定の文化社会に生きるかぎり、知らず知らずのうちに世界の見方は規定されてしまう。だからこそ、メディアや教科書のものさしで物事を計るのではなく、一歩でも外れた地点から物事を見つめる練習がつねに求められる。筆者の場合、メキシコ留学がその一つの大きな体験となった。

　同時に、漫画や文学・映画などフィクションの世界から多くを学んだこともたしかだ。フィクションに描かれる世界、ある特定の文化社会に生きる一人の作家が創り出す世界は、わたしたちの生きる社会の一端を映し出し、問いを投げかける。こうした作家の一人が手塚治虫だ。本章では取り上げなかったが、他の漫画からも社会や歴史に関わるさまざまな問題について考えることができる。フィクションの世界には、文化と文化のあいだの不均衡、そのずれが生まれる歴史的背景や社会文脈、ずれが生み出す他者表象について考えるための糸口があちこちにある。読者の皆さんにも、他文化圏を訪れたり、漫画やその他の物語世界にふれたりして、いくつもの「目」を身につけてほしい。

10
オンライン空間の文化と社会参加
韓国におけるウトロ地区支援の一端

　2007年の夏頃、韓国のエンタメ情報ウェブサイトB（以下、Bサイトと記す）のBBS（電子掲示板）で、私はそれまで見たことのないタイプの投稿を見つけた。それは「ウトロ地区」を支援しようという内容であった。投稿によると、ウトロ地区とは京都府宇治市にある在日コリアンの集住地区の名前で、住民が立ち退きの危機にあるという。

　私ははじめてそのことを知った。対して投稿は「ウトロを憶えましょう」と訴えていた。「助けなきゃ」など、数々の肯定的といえる反応を見ながらも、私は一つの疑問をもった。なぜ、オンライン上の「遊び」の場に、政治参加を呼びかける投稿があって、それがさりげなく受け入れられているのだろうか。Bサイトは、エンタメ情報や感想、ゴシップなどの日常的な話題を交わす場であって、社会のことを知り、現状を変えようという話題は「場違い」のように思えたからだ。そこで本章では、韓国でのウトロ地区支援（以下、ウトロ支援と記す）の一例を通して、オンライン空間の文化的な特徴とそこで成立する一つの社会参加のあり方を解説したい。

1. オンライン空間に浮かび上がる「社会」

　ウトロ地区の由来は、戦時期に始まって終戦で中止された軍用飛行場建設である。終戦直後、戦災と失業のなかで朝鮮人の建設労働者の一部がその現場宿舎にとどまった。水道もないバラック小屋だったが、宿舎跡を頼って小さなまちを形成した。しかし、1989年、新しい地主が住民の立ち退きと土地の受け渡しを求めて裁判を起こした。長年暮らしてきた住民64世帯が強制執行を迫られ、住民と日本の支援者がそれに対する運動を始めたが、2000年に敗訴した。詳細は「ウトロ平和祈念館」HPを参照されたい。

　一方、韓国では2000年代に入って在日コリアンへの認識に変化が起きていた。他国で生活し、悩みを抱え、葛藤する人間としての側面が、小説や映画を中心に広く紹介されたのである（趙2009）。ウトロ支援の投稿は、現地や住民の様子を写真で紹介しながら、ウトロ地区へのカンパと情報拡散を呼びかけていた。ネット上から気軽により多くの人が参加し、世論を形成しようとする取

り組みであった。元を辿っていくと、複数のブログが見つかった。それは、個々のユーザーから自発的に始まった「社会参加」の動きであった。

　社会参加（social engagement）という言葉は、友人や学校・職場上の人間関係など、個人が他者や集団との持続的な相互作用を通じて形成する社会関係（social relation）に参加するという意味で用いられることが多い。なかには、ボランティアやカンパなど、社会のしくみの問題を認識し、異議を申立て、介入するという、自発的で政治的な参加のあり方もある。こちらは、広義の社会運動とも呼べるが（たとえば、大畑ほか編 2004）、本章では集団としての持続性や結束力が弱い、瞬時的な集合行為への参加を広くとらえてこの表現を使いたい。というのも、2000 年代において、とくにインターネットやソーシャルネットワーキングサービス（SNS）などのオンライン空間を通して政治に参加する、新しい社会参加の動きがみられるからである（Zani and Barrett 2012）。

　オンライン空間が社会参加の媒体となった事例は、日本でも目立ってきている。オタク文化を自宅やオンライン上だけでなくオフラインで実践し、さらに、地域社会との関係を築いた事例（和田 2014）（ただし、それが地域振興と結びついた「コンテンツ・ツーリズム」では、当該の作品に描かれたジェンダーの非対称性が無批判的に再生産される危険性もある）、在日コリアンに対するヘイトスピーチやそれへのカウンター（金 2020）、「＃保育園落ちた日本死ね」で反響を呼び、以前からネットを経由して声を上げていた待機児童問題に対する親たちの問題提起（久木元 2015）、そして、2011 〜 2012 年、反原発を訴えて多くの人々が集まった官邸前集会などがそれにあたる（松谷 2020）。

　本章では、それがいち早く出現し、社会・政治面のインパクトも大きい韓国での、2000 年代の**日韓**をまたがる実践——ブログで始まりオンライン空間に広がったウトロ支援を事例に考えたい。

◼️ 2.│ 文化を基盤とする社会空間

　B サイトは 2001 年にできた。元々、日本の女性アイドルグループ SPEED（1995 年結成、2000 年解散）の活動情報や PV などを紹介するために、同グループのファンの一人が開設したものだといわれている。そこに、しだいにほかの

J-pop やドラマファンも集まるようになった。とくに 2001 年に韓国の歌手 BoA が日本でデビューしてからは、彼女の日本での活動を知りたい韓国のアイドルファンやポピュラー音楽リスナーも加わるようになり、B サイトのユーザーは日韓両方の、あるいはどちらかのポピュラー文化に興味のある大衆へと拡大した。その結果、日韓の最新のエンタメ情報を交換する韓国有数のオンラインコミュニティ（以下、OC）に成長し、2019 年まで存続した。

オンラインでは、地域や学校、職場など現実の地理空間における対面的な関係ではなく、非対面的で匿名的なコミュニティが形成される。注目したいのは、そのコミュニティが、個々人の趣味や興味関心、悩み、個人の経験など、つまり数多くの**サブカルチャー**の共通性を基盤とするということである（Rheingold 1993=1995: 242-245）。

B サイトはどうであったか。B サイトは、複数の BBS（電子掲示板）で構成されていた。各 BBS はアーティストや音楽ジャンル、コンテンツの種類によって分けられ、興味関心によって各 BBS を行き来できた。投稿の権限は会員にあったが、投稿内容やコンテンツ、それに対するコメントは会員登録やログインなしでも閲覧できた。上述したように、B サイトは PV や番宣など、ポピュラー音楽の動画情報の共有から始まっていたため、YouTube（日本語版は 2007 年、韓国語版は 2008 年公開）に似た役割を担っていたともいえる。

このように、B サイトは、J-pop リスナーの場所として始まり、関連する複数のサブカルチャーに関して形成された OC であった。B サイトにはもう一つ興味深い点がある。韓国では「日本大衆文化開放」（1998 ～ 2004 年）まで、日本のドラマや音楽、漫画を日本名や日本語のまま流通・消費することが禁止されていた。これは 1910 ～ 1945 年の日本帝国の支配以後、植民地化を経験した韓国と韓国人という共同体を、政府がいかにイメージしてきたかという問題と複雑に結びついている（金 2014）。強調したいのは、地理・言語の壁や残存する規制にもかかわらず、個々人が日々の文化実践とそこでのコミュニケーションを通して社会の代替となる場所を生み出したことである。

さらに、スマートフォンと、X（旧 Twitter）や Facebook、YouTube、Instagram、TikTok など SNS の普及以降は、ユーザーそのものが広範囲に拡大され、コミュニケーション媒体も多様化している。♥や👍などのリアクションやリツ

イート、ハッシュタグ（#）、プロフィール画像の加工、決まった時間・場所で多数の人々が同じ行動をするフラッシュモブ、特定のミッションを行うチャレンジ動画など、テキストの読み書き能力を必要としない瞬時的で感覚的な仕掛けが広まり、より多様な個々人の参画が可能となっている。

このようなオンライン空間の特性は、社会参加においても親和的な側面をもつ。個人や集団に偏在する「社会」の問題に共感する人々のコミュニティの形成と、関連する情報の拡散、さらに、賛同する人々の「動員」も容易であるという**社会運動**の資源としての側面である（大畑ほか編 2004: 157-174; 松谷 2020）。

しかし、これまで取り上げた事例では、「社会」への異議申立てが「遊び」に先行したのではなく、「遊び」が「社会」への意義申立てに先行している。そこでは、社会運動につながる持続的な関係も必ずしも形成されず、つながりも弱い。このようなタイプの社会参加が、オンライン空間から起りうるのはなぜなのか。

■■ 3. | 遊びの空間を橋渡しする人々

社会学者の藤原広美は日本より韓国の方でネット発の市民参加が活発にみられる点に着目し、日韓の OC を比較調査した（2013）。そのなかで、米国の社会学者ロバート・パットナム（Robert D. Putnam）の「社会関係資本」という概念を用いて、日韓の OC が「結束型」と「橋渡し型」のどちらに関連するかを検討した。

ここで社会関係資本とは、個々人がもっている、社会関係から生じる資源、すなわち利用可能な人的ネットワークのことである。「結束型」は、地域や年齢、趣味、宗教など、内部の同質性を基盤とする安定的なつながりを、「橋渡し型」は、異質な人々のつながりとして、外部に開かれた相対的に弱いつながりを指す。市民参加の側面では「結束型」よりも他者同士の相互作用が生まれやすい「橋渡し型」が価値を発揮する（Putnam 2000=2006: 10-26）。

調査の結果、欧米とは異なって日韓の OC では「結束型」の特徴が示された。興味深いのは、日本より韓国において、娯楽目的の利用と市民参加との関連性が示されたことである。「遊び」に関する同質的なつながりにおいて市民

参加の特徴が示されたということは、そのつながりが社会参加の促進に働く橋渡し型の特徴をもっている可能性を示唆する。

　たとえば、韓国の日刊紙『東亜日報』でも2013年5月10日、「SNS時代にも世論を動かす力『オンラインコミュニティ』」（韓国語）というタイトルで韓国内のOCの特徴を分析した。Bサイトの1日平均訪問者数は約4万人で、そこから分離した別サイトを合わせると約7万人となる。各コミュニティ訪問者の主な年齢層は20〜30代で、Bサイトは20代女性が多かった。

　同記事でいう「世論を動かす」とは、社会参加の意味である。これらのOCは、それぞれモバイル機器、野球、サッカー、中古車、デジカメ、アニメ、料理などの情報共有を行うコミュニティであるが、2008年に米国牛輸入問題に対して起こった大規模のろうそく集会を盛り上げる母体となった。私がウトロ支援の投稿を発見したのは2007年夏であるが、当時「場違い」と感じた社会参加の呼びかけが、1年も経たないうちにOCを中心として広がったわけだ。

　筆者は2011年9月〜2012年9月にブロガー5人に聞きとりをし、ウトロ支援に関する調査を行った。5人のうち2人は職場の同僚であったが、2人とほかの3人、その3人のあいだにオフラインの交友関係はなかった。年齢や性別、居住地、職業、ブログのテーマもさまざまであった。しかし、あるブロガーの呼びかけに応じてブログ上でつながり、韓国の市民団体による情報を自発的に、独自の方法で広げていった。韓国の市民団体は2005年から日本のウトロ支援団体と連帯し、運動を始めていた。

　図10-1（右）は、当時ブロガーたちが制作し、配布したバナーの一部である。バナーとは一種の名刺で、ほかのサイトをリンクした画像である。バナーを押すと、ウトロ支援の情報サイトに移動できる。当時、バナーは長方型が一般的であったが、ウトロ支援では三角型のフレーム型も配布した。フレーム型は、ブログタイトルのタブや掲示物上部に固定され（図10-1右）、投稿が更新されても上段に表示され続ける。それをつけることで、みずからの興味関心を共有すると同時に、社会への問題関心を容易に表現し、拡散できるように工夫された。バナーのこのような活用は、近年のSNSの情報拡散のしくみとも似ている。

　ブログを通した情報拡散そのものも、オンライン空間の大衆化が進んでいた

図 10-1　ウトロ支援に関するイメージ

（左は中山和弘氏提供、右上は筆者が当時のバナーのデザインを加工、右下は權徹氏提供。ウトロ支援の全体を通して、町並みと在日 1 世女性住民たちのイメージが広く使われた。ブログ支援で使われたバナー（右上）には、「①」の位置に、右下の写真が挿入された。その下には「ウトロを憶えましょう」と書いている。このスローガンは、それまで知らなかった在日コリアンのことを知り、人々の歴史を学ぼうという意味で発案された。）

当時の状況では、多数の閲覧を促す戦略となった。韓国の ICT 政策を総括する情報通信部傘下機関の 2007 年の調査によると、当時韓国のインターネット利用率は 76.3％ で、そのうちブログユーザーは 51.9％ であった。利用目的は交流（64.7%）、趣味および余暇（51.5%）、暇つぶし（46.%）など複数にまたがっており、ウトロ支援のバナーは社会参加とは別の文脈でインターネットを利用する人にも情報を届けた可能性が高い。

　さらに、ブログの約 7 割はポータルサイトの提供するブログサービスを利用している。ポータルサイトは、ネットユーザーの 97.6％が利用し、ブログ内容は当該ポータルの検索結果に反映される（韓国言論財団 2009）。つまり、バナーの画像が、検索を通して個別に、不特定多数の目に入るということだ。ポータルサイトとブログの相互利用関係は、OC に関しても類似している。

　以上のように、B サイトやブログは興味関心を基盤とした「結束型」のコミュニティである。しかし、それは非対面の上で成立し、結束そのものも「橋渡し型」の開かれた仕掛けにおいて展開されている。つまり、その文化実践は「結束型」の社会関係と「橋渡し型」の空間構造を合わせもつ多数の人々との集合を可能にし、ウトロ支援は、両方を有効に活用できる戦略をもって進められたといえる。

さらに、オンライン空間を行き来する個々人は、現実社会を生きており、その属性や興味関心はきわめて多面的である。たとえば、20代女性で、エンタメ情報を求める人は、同時にプロ野球が好きかもしれないし、まったく興味がないかもしれない。インターネットの使用目的が情報（87.5%）、余暇（86.1%）、コミュニケーション（83.0%）など複数にまたがっているという実態は（情報通信部韓国インターネット振興院 2008）、文化実践をもとにさまざまな人々がつながれる可能性を示唆する。

■ 4.│ サブカルチャーの空間性からみる社会参加

　ここまで、オンライン空間での文化実践と社会参加との関係を韓国でのウトロ支援の事例から検討した。現実の地理空間とは異なったオンライン空間では、サブカルチャー的共通性を基盤に、多くの人々を弱くつなぐ社会関係の空間が形成される。興味関心を共有する文化実践は人々の結束だけでなく、橋渡しの回路の一つとして働くということである。オンライン空間にみられるこうした特性は、「都市」に関する考察では新しくない。

　100年ほど前の米国シカゴで、世界各地に拡大した「都市」という新しい空間に対して、その社会や文化を分析する試みが始まった。それらを受け継いだ社会学者クロード・フィッシャー（Claude S. Fischer）は、都市空間の特性を多様なサブカルチャーの集団の共存に見出している（Fischer 1975＝1983）。本章で検討したのは、都市という現実空間とは異なるものの、多様なコミュニティを創出し、ますます多様化が進む、もう一つのかたちの現代の空間的産物としてのオンライン文化・空間の都市的あり様である。

　ブロガーたちのウトロ支援はその後どうなっただろうか。活動は約5ヵ月間続き、その世論に答えて2007年11月に韓国政府が土地購入金額の一部支援を決定したことで一段落した。翌月、週刊紙にブロガーたちの活動が短く紹介されたが、ウトロ支援全体の歴史においてその詳細は知られていない。

　筆者のブロガーへの聞きとりは、韓国政府の支援が決定してから2～3年後であった。彼（女）らはその後の経過を知らなかったし、ウトロ支援のブログ上のつながりも持続していなかった。支援における在日コリアン認識や問題意

識、目論見もさまざまであった。しかし、2008年のろうそく集会に参加したという共通の経験をそれぞれもっていた。ウトロ支援は、大勢の人々の文化を通したつながりと瞬時的な社会参加の流れの先取りの一つだったかもしれない。

　さらに、ブロガーたちのウトロ支援では韓国にルーツをもちつつ日本に生きる人々の存在を否定せず、その思いと住まいを保障する方法をさぐるという共通認識があった。世論を形成し、韓国政府を動かすことに集中したのは日韓の支援団体の連帯運動の戦略であったが、個々人のブロガーが韓国社会の人々を多面的に認識し、住民の状況をともに守るべきものとして行動した結果としても読み取れる。一方、ヘイトのように、社会参加を成立させる多面性を否定する内容の参加が同様のツールを通して現れていることも、事実である。

（全　ウンフィ）

〈読者のための文化案内〉

＊書籍『出来事から学ぶカルチュラル・スタディーズ』（田中東子・山本敦久・安藤丈将編著，ナカニシヤ出版，2017年）：本書を読んでカルチュラル・スタディーズという学問に興味をもった人にすすめたい本。テーマごとの理論的な展開を追いながら読める。なかでも川村覚文の第11章「ネット右翼，ナショナリズム，レイシズム」（189-210）は，本章では触れられなかった「民族」を括って語ることに対する見方を提示してくれる。

＊書籍『社会運動の現在——市民社会の声』（長谷川公一編，有斐閣，2020年）：社会運動といわれると、どこかまじめで現実離れしたものだと感じる人が多いかもしれない。この本は、教科書上の知識としての日本の環境や福祉、地域のあり方が、その時代を生きる人々の文化的な営みによって生み出されたことを教えてくれる。

＊映画『GO』（行定勲監督，2001年）・『リンダリンダリンダ』（山下敦弘監督，2005年）・『ソーシャル・ネットワーク』（デヴィット・フィンチャー監督，2010年）：順番に、在日である個人の物語という点、日韓の学生のポピュラー音楽を通した社会関係の形成という点、オンライン空間も社会のなかの人間の営みの産物であるという点から、本章とつながる。青春を描く俳優たちの魅力も必見。

〈引用文献〉

趙慶喜，2009，「韓国社会における在日朝鮮人認識の変遷」『クァドランテ』11: 115-131.

Fischer, Claude S., 1975, "Toward a Subcultural Theory of Urbanism," *American Journal of Sociology*, 80(6): 1319-1341. （奥田道大・広田康生編訳，1983，「アーバニズムの下位文化理論に向けて」『都市の理論のために——現代都市社会学の再検討』多賀出版，50-94.）

藤原広美，2013，「ネット時代の積極的市民参加（civic engagement）：日韓比較調査――社会関係資本の形成の違いからの考察」『立命館産業社会論集』49(2)：119-136.

金明秀，2020，「ヘイトスピーチをめぐる運動――アイデンティティ・ポリティクスと3.11後の叛乱」長谷川公一編『社会運動の現在――市民社会の声』有斐閣，186-207.

金成玟，2014，『戦後韓国と日本文化――「倭色」禁止から「韓流」まで』岩波書店．

久木元美琴，2015，「子育て世帯の「情報戦争」とインターネット」荒井良雄・箸本健二・和田崇編『インターネットと地域』ナカニシヤ出版，136-150.

松谷満，2020，「若者はSNSの夢を見るのか？――「運動を知らない」世代の運動参加」樋口直人・松谷満編『3・11後の社会運動――8万人のデータから分かったこと』筑摩書房，71-98.

大畑裕嗣・成元哲・道場親信・樋口直人編，2004，『社会運動の社会学』有斐閣.

Putnam, Robert D., 2000, *Bowling Alone: The Collapse and Revival of American Community*, New York: Simon & Schuster.（柴内康文訳，2006，『孤独なボウリング――米国コミュニティの崩壊と再生』柏書房.）

Rheingold, Howard, 1993, *The Virtual Community: Homesteading on the Electronic Frontier*, Addison-Wesley Publishing Company.（会津泉訳，1995,『バーチャル・コミュニティ――コンピューター・ネットワークが創る新しい社会』三田出版会.）

和田崇，2014，「オタク文化の集積とオタクの参画を得たまちづくり――大阪・日本橋の事例」『経済地理学年報』60: 23-36.

Zani, Bruna and Barrett, Martyn, 2012, "Engaged citizens? Political participation and social engagement among youth, women, minorities, and migrants," *Human Affairs*, 22(3): 273-282.

정보통신부한국인터넷진흥원情報通信部韓国インターネット振興院，2008，『2007년 하반기 정보화실태조사 최종보고서 2007年下半期情報化実態調査最終報告書』.

한국언론재단韓国言論財団，2009，『한국의 블로그 산업韓国のブログ産業』.

■■■ 研究コトハジメ：場所に込められたもの・こと ■■■

「花を植えてもいつまでこの花ながめられるんかと思うこともある。いつ取り壊されるんかと思うと心配で」。ウトロ地区の運動の日々をつづった「ウトロニュース」に載った住民の一言である（32号、1997年）。住民のおかれた状況を住民と支援者がともに訴えかけた運動は2000年代に韓国に広がり、本稿で紹介したブロガーたちの参加にもつながった。

当時ブロガーたちが拡散したのは「人はボロ家というかもしれんけど、ここでずっと暮らしてきた」「この家で死にたい」（前掲）という年配の住民の思いであった。ブロガーたちは住民の存在を知らなかった自分への反省として、韓国市民として支援を呼びかけた。投稿には、住民の顔とウトロの原型になった元宿舎、通称「飯場」のイメージが添えられた。

飯場は生活の砦だった。粗末なつくりの仮小屋を「一生懸命自分たちであそこ直しここ直してきた」（前掲）。韓国政府の支援で土地の一部を買取り、劣悪な住環境に対する整備が実施され、住民は安住を手にした。2022年4月には「ウトロ平和祈念館」が開館され、前年の6月に当時のまま残る最後の飯場一部をそこに移築する解体式が行われた。飯場は、住民の生活と、約30年間ともに声をあげた運動の歴史を現在に表す痕跡である。

このように、場所にはそこに関わる人の営為が込められ、場所のイメージは、「助けなきゃ」などの気持ちや意志をも運ぶ（Rose 1995）。一方で、飯場を別の意味で読みとる人々もいる。

ウトロで住環境整備が始まる頃、在日コリアンへの排外主義的主張がオンライン空間に拡散された。ウトロ地区に関しても排除の感情を訴える内容が広がった。飯場の解体式から2ヵ月後、地区内の空き家で発火し、民家など7軒を燃やした放火事件が起きた。犯人はインターネットからウトロを知ったという日本人の青年で、2022年8月、京都地方裁判所は「民主主義社会において到底、許容できない」「偏見や嫌悪感による身勝手で独善的な犯行」として、懲役4年の実刑判決を言い渡した。

人々はいろんな考え方や視点をもつ。インターネットは物理的空間を超え、人々の嗜好を共有できる場所となった。他者の存在といかにふれあうかがもっと問われる。ブロガーや支援者は、ウトロを知って自分と社会に向きあい、人間としての尊厳のために応答した。地理学者ドーリン・マッシー（Doreen Massey）は、研究にこそ、他者の生きる空間と場所の存在に向きあうことが求められると言う。

〈引 用 文 献〉

Rose, G. 1995, "Place and identity: a sense of place", Massey, D., Jess P. (ed), *A Place in the world?: places, cultures and globalization*, Oxford University Press.

Massey, D. 2005, *For Space*, Sage,（森正人・伊澤高志訳，2014,『空間のために』月曜社．）

人と歴史をつなげる現代アート

現代在日コリアン美術を例に

> 　現代アートには「難解」というイメージがつきまとう。美術展に足を運ぶと、時に「わけのわからない」作品に出会う。そうした瞬間、「この作品は何を表現しているのだろうか」や「作者はどうしてこの作品を制作したのだろうか」といった疑問が、鑑賞者の頭に浮かぶ。これらの疑問は、現代アートを「研究」するための大切な出発点となる。
> 　本章では、現代アートの社会・政治的実践に関する議論を紹介し、その一例として２人の「在日コリアン」のアーティストたちの作品を取り上げる。それらの作品は、歴史の見方に関する鑑賞者の固定観念を「ゆさぶり」、人と歴史を異なる仕方で結びつける現代アートの力を示している。

1. 現代アートとは何か

　マルセル・デュシャン（Marcel Duchamp）は 1917 年に《泉》という作品を発表したが、既製品の男性用小便器に署名を入れ、それを縦置きしただけの作品である。それがはじめてアンデパンダン展（出品料を払えば、審査なしで作品を展示できる形式の展覧会）に出品された時、主催者は困惑したといわれている。「これはアートなのか」、と。だがこの問いこそが、《泉》が現代アートの歴史のなかで重要視される理由なのだ。美学者のアーサー・C・ダントー（Arthur C. Danto）は、この作品はアートの定義に関わる本質的な問い、すなわち「アートの境界線はどこにあるのか」という問いを投げかけていると述べる（Danto 2013=2018: 36）。このように、現代アートには「アート」の定義そのものを疑い、「アート」とされるものの範囲を拡張していこうとする作品が数多くみられる。それらは「アートとは何か」というみずからの存在に向けられる自己反省的な問いを提起する。現代アート作品の鑑賞者たちがしばしば、それらの「難解さ」に近寄りがたい印象を抱くのも、現代アートのこうした複雑な性質のためである。

　そのように考えると、鑑賞者が現代アートの作品を見て、「難しい」「わかりにくい」と感じることは、ある意味では自然なことであるといえる。なぜなら

ば、その制作者は私たちの「常識」や固定観念に挑戦しようとしているから
だ。むしろ、現代アート作品をすんなりと「わかった」と思い込んでしまう方
が危うい。そのような時、私たちは「作者が作品に込めた問いやメッセージを
本当に理解できているだろうか」とみずからに問いかけてみる必要がある。

■ 2. | ソーシャリー・エンゲージド・アート

　現代アーティストたちは「アート」の臨界を踏み越え、「アートとされている
もの」と「アートではないとされているもの」の境界線を撹乱している。その
ため、現代アーティストは、まだ発見されていない価値を求め、社会のなかで
とるにたらないとされてきたもの、無視されてきたものに注意深く目を向けて
いく。アートがもつ視覚的・感覚的な強さには、不可視化されている、あるい
は等閑視されているさまざまな社会問題を、人々の眼前にさらす力があるのだ。
　そのことは、現代アート作品を政治的・社会的な回路へと開くきっかけとな
る。最初社会学を学んでいた筆者が、現代アートの制作・研究に関心をもつよ
うになったのも、こうした芸術のもつ社会的事象へのユニークな介入の力に可
能性を感じたためである。
　近年の現代アートにおけるこのような社会的・政治的実践は、**ソーシャ
リー・エンゲージド・アート**（Socially Engaged Art、以下 SEA）と総称されるこ
とがある。この言葉は、2000 年代からよく使われるようになった。メキシコ
生まれのアーティストのパブロ・エルゲラ（Pablo Helguera）は、SEA を特徴づ
けているのは「社会的相互行為（ソーシャル・インタラクション）」であり、芸術
制作の過程こそが SEA の核であると主張している（Helguera 2011=2015）。2008
年からペドロ・レイエス（Pedro Reyes）が展開しているアート・プロジェクト
《銃をシャベルに（Palas por Pistolas）》は、それをよく示している。同プロジェ
クトでは、レイエスはメキシコの銃犯罪多発地域に入り、クーポン券などをイ
ンセンティブに住民から銃を回収した。彼は集めた銃を金属製のシャベルに加
工し、それを用いて住民たちと公共空間に植樹を行った。美術館やギャラリー
での展覧会ではこの際に作られたシャベルが展示されるが、シャベルそのもの
よりも、その制作過程が重要視されている。

領域横断的である、という点も SEA の特色である。パフォーマンス研究者のシャノン・ジャクソン（Shannon Jackson）は、さまざまな芸術ジャンルを越境しながら、多様なオーディエンスに向けて発信できるところに、SEA の強みがあると強調している（Jackson 2011）。加えて、SEA に関心のある現代アーティストたちは、社会学や人類学など他分野の知見を積極的に吸収し、時に制作者と研究者という二項対立をも飛び越えるような仕方で、従来の方法論にとらわれないユニークなプロセスを通じて芸術制作を行っている。

■✚ 3. | リレーショナル・アートと敵対

　SEA の源流にあるのは、**リレーショナル・アート**と呼ばれる芸術潮流がある。キュレーターのニコラ・ブリオー（Nicolas Bourriaud）は、『関係性の美学』（1998）という著作で、作品と鑑賞者の関係性、あるいは鑑賞者同士のコミュニケーションに主眼を置くインタラクティブな実践が、1990 年代以降の芸術表現で目立つようになってきたと主張し、そうした実践をリレーショナル・アートと呼んだ（Bourriaud 2002 [1998]）。

　このリレーショナル・アートという発想は瞬く間に現代アート界を席巻し、その後、この概念と関連づけられた展覧会が世界中で企画された。その代表作品とされるのが、アルゼンチン生まれのタイ系アーティスト、リクリット・ティラワニ（Rirkrit Tiravanija）の《パッタイ》（1990）である。これはギャラリー内で訪れた人々に、作家自身のルーツに関連するタイの伝統料理「パッタイ」（米麺で作るタイの焼きそば）をふるまうというパフォーマンス作品である。ティラワニはこの作品を通して、食事や会話といった人間の日常的な営みがアートとなりうることを示してみせたわけである。

　だが、このようなリレーショナル・アートの実践に対し、美術史家クレア・ビショップ（Claire Bishop）は重要な論点を提起した。彼女は 2004 年の論考「敵対と関係性の美学」において、ブリオーの議論を批判し、アート関係者たちによって構成されるリレーショナル・アートの実践は「その実現を妨害ないし阻害する人々の排除の上に成り立っている」と主張した（Bishop 2004＝2011: 93）。ビショップが重要視するのは「**敵対（antagonism）**」という概念である。「敵対」は政治

哲学者のシャンタル・ムフ（Chantal Mouffe）が提唱した概念で、それは共同体における不和や分断として現れる。ムフは真の民主主義の実現に必要な、多数の異なる意見が存立可能な「闘争的多元主義」の空間を構想した（Mouffe 1993=1998）。ビショップはこうした議論をふまえ、どのような社会にも必ず存在する意見の対立や立場の相違を「敵対」ととらえ、そうした敵対関係のなかで排斥されたものを可視化することこそがアートの重要な役割であると論じた。

スペインのサンティアゴ・シエラ（Sierra Santiago）の《4人の上に彫られた160センチメートルのタトゥー》（2000）は、この「敵対の美学」を具現化した作品だされる。この写真作品には質素な丸イスに座る4人の女性が写っており、苦痛に顔をゆがめる彼女たちの背中には今まさにタトゥーが彫られているところだ。シエラは薬物中毒に苦しむ娼婦にヘロイン1ショット分のわずかな金を支払って、彼女たちの背に1本の長いタトゥーを彫った。この作品を目にした鑑賞者たちのなかには、怒りを覚える人も多いかもしれない。しかし、ビショップは、敵対を芸術的に暴露することの社会・政治的重要性を強調するのだ。

4. 現代在日コリアン美術：呉夏枝と琴仙姫

以上、SEAについて概説してきたが、ここからは日本を拠点に活動するSEAのアーティストの作品を紹介していきたい。取り上げるのは、琴仙姫（Kum Soni）と呉夏枝（Oh Haji）という、ほぼ同世代に属する2人の在日コリアン3世の現代アーティストである。「在日コリアン」の定義は、論者によって微妙に異なるが、本章では「日本に居住する韓国・朝鮮籍の人々」を指す。その多くは、第二次世界大戦中の日本による朝鮮半島の植民地化（とそれに伴う東アジアの政治的混迷）に起源をもつ（Ryang 2000）。金と呉の芸術実践は、メディウム（制作に使用する素材）の点でも、スタイルの点でも大きく異なる。だが、在日コリアンに関する周縁化された歴史を拾い集め、それを鑑賞者に知覚させる作品を制作してきたという点では共通性がある。

1980年生まれの琴は、東京の北朝鮮コミュニティで育ち、アメリカにわたってアートを学んだ。アメリカでは、過去の植民地主義が現在に残した影響を批判的に検証し、より公正な未来を志向する**ポストコロニアリズム**の議論を

知り、その知見をみずからの映像作品に取り入れるようになった。

　まず紹介したいのは、琴がアメリカ留学中の 2005 年に制作した映像作品《獣となりても Beast of Me》である。同作は単線的な物語を欠く、主に断片的なファウンド・フッテージのモンタージュであり、難解な作品に見える。だが、その意図は一貫している。途中、チマチョゴリに身をつつんで登場する琴自身が、民族学校に通っていた時に体験した日本人男性からの暴力に言及する。同作が思い起こさせるのは、通称「チマチョゴリ切り裂き事件」である。1994 年 4 月、一人の日本人男性が東京の電車内で在日コリアンの女子学生を襲い、彼女のチマチョゴリ（民族学校では、制服としてその伝統衣装が用いられる）を切り裂いた。この時期には、類似の事件が複数発生した。さらに、同じ場面では在日コリアンのコミュニティ内部にある家父長制的男性中心主義も琴自身によって語られ、在日コリアン女性をめぐる「敵対」の重層性が前景化される。

　別の場面では、唐突にヤギの群れが挿入され、そこに冷戦下でさかんに核実験がなされたマーシャル諸島の被爆者たちの声がナレーションとして重ねられている。《獣となりても》は、東アジアの戦争、植民地支配、冷戦が作り上げた国際的「秩序」における、さまざまな犠牲者たちの姿を、「贖罪のヤギ（スケープゴート）」というイメージを通して視覚的に連結しているのである。

　一方、1976 年生まれの呉は、大阪で生まれ、京都で染織りを学んだ。呉の作品には、この時に習得した技術が活用されている。たとえば、初期作品《ある少数民族に捧げる婚礼衣装》（2000）は、日本の着物を再構成し、韓国式の結婚衣装に仕立てたテキスタイル作品である。そのため、この作品は、まるで在日コリアンのアイデンティティにある**混交性**を暗示するように、日本と韓国の伝統的衣服の特徴をともに備えている。そして、そうした混交性を肯定的にとらえ、それを祝福しているようでもある。日本には、第二次世界大戦以降に定着した、単一の民族から成立する国家という誤った自己イメージが根強く残る（小熊 1995）。そのような意味で、混交性の称揚は、それ自体が多様性を認識し、受け入れることにつながる文化的・社会的意義をもつ。

　《三つの世代》（2004）は、呉自身も被写体として登場する写真作品である。5つのフレームのうち、両端のフレームは真っ白で、それ以外の 3 つのフレームには韓服を着た呉、彼女の母、祖母が写っている。それぞれが身にまとう韓服

は、各時代の生地や製法に忠実であり、時代の推移と継承を感じさせる。その撮影場所は、祖母の生まれ故郷、済州島（朝鮮半島南西部の島）である。この作品には、**エスニック・アイデンティティ**を、そこへと収斂される**起源**（root）ではなく、それがどのように推移し継承されてきたかを示す**経路**（route）としてとらえる人類学者ジェイムズ・クリフォード（James Clifford）の洞察（Clifford 1997）とも重なりあう視座を見てとることができる。

　2005 年に発表した呉の《散華》は、テキスタイル作品を一部に組み入れたインスタレーションである（ほかにも、制作過程を記録した映像などが展示された）。ここで用いられた衣服は、韓国の伝統衣装チマチョゴリのように 1 組のジャケットとスカートからなる。さらに、その衣服は日本の着物と中国のチャイナドレスに見られる特徴も有する。呉は、2012 年に京都市立芸術大学に提出した博士論文（「メタファーとしての text-ile—織物」）で、自身の作品を通して、「複数の社会、文化的背景の境界に生きる人の有り様」を表現していると語る。

5. 現代アートの力と可能性

　在日コリアンの歴史は、「日本人」の大部分にはかかわりがないことだろうか。そうではない。歴史学者のテッサ・モーリス - スズキは**連累**（implication）という概念を用いて、人々は過去の出来事が作り上げた現在の構造のなかに埋め込まれており、歴史から完全に切り離された個は存在しないことを説く。すなわち、「あとから来た世代も過去の出来事と深く結びついている」（モーリス - スズキ 2014: 34）。

　現代美術を主題とする本章では、1990 年代以降の、作品が生成するコミュニケーションに主眼を置く「リレーショナル・アート」、芸術を通して社会的な問題に取り組む「ソーシャリー・エンゲージド・アート」の議論を概観した。その流れから、最後に、戦後日本が歴史的に抱える民族や性の問題を主に扱う琴仙姫と呉夏枝の作品を具体的な例として論じた。

　呉と琴の作品は、歴史の多層性と、人がそうした多層的歴史に埋め込まれた存在であることを鑑賞者に認識させる。筆者自身も呉と琴の作品を実際に目にした経験があるが、そのたびに日本の忘れられた歴史にふれ、みずからのアイ

デンティティがゆさぶられる感じを覚えた。そして、筆者自身がエスニシティ
やジェンダーの観点におけるマジョリティであること、そのような立場から派
生する普段は意識せずに享受している特権への反省を得た。彼女らの実践は、
周縁化された歴史を想起させ、そうした歴史が構築する見えにくい差別や暴力
を暴き出し、人と歴史をあらたな仕方でつなげる現代アートの力と可能性を明
瞭に示す。

（山本　浩貴）

〈読者のための文化案内〉

＊書籍『残傷の音――「アジア・政治・アート」の未来へ』（李静和編, 岩波書店, 2009）：本
　章で取り上げた呉夏枝と琴仙姫の作品を考察したレベッカ・ジェンスンの論考のほか、沖
　縄出身の映像作家である山城知佳子や高嶺剛の作品を論じた各章も収められており、東ア
　ジアの戦争、植民地支配、冷戦の遺産をめぐる多彩な現代アート実践について知ることが
　できる。
＊映画『かぞくのくに』（ヤン・ヨンヒ監督, 2012）：ヤン・ヨンヒ（梁英姫）は在日コリアン２
　世の映画監督。本作は 1960 年代から 1980 年代にかけて行われた「帰国事業」のために日本
　と北朝鮮で離れ離れになった家族の姿を描く。琴の最新作の映像インスタレーション《朝
　露：Mourning Dew――Stigma of Being Brainwashed》（2020）も、この歴史的出来
　事を主題とする。「帰国事業」については、テッサ・モーリス - スズキ著（田代泰子訳）『北
　朝鮮へのエクソダス――「帰国事業」の影をたどる』（朝日新聞社、2007 年）も参照のこと。

〈引 用 文 献〉

Bishop, Claire, 2004, "Antagonism and Relational Aesthetics," *October*, 110 (Fall 2004): 51-79.（星野
　太訳, 2011,「敵対と関係性の美学」『表象』05: 75-113.）

Bourriaud, Nicolas, 2002[1998], *Relational Aesthetics*, Dijon: Les Presses du réel.

Clifford, James, 1997, *Routes: Travel and Translation in the Late Twentieth Century*, Cambridge,
　MA: Harvard University Press.（毛利嘉孝・柴山麻妃・福住廉・有元健・島村奈生子・遠藤水城訳,
　2002,『ルーツ――20 世紀後期の旅と翻訳』月曜社.）

Danto, Arthur C. 2013, *What Art Is*, New Haven: Yale University Press.（佐藤一進訳, 2018,『アート
　とは何か――芸術の存在論と目的論』人文書院.）

Helguera, Pablo, 2011, *Education for Socially Engaged Art: A Materials and Techniques Handbook*,
　New York: Jorge Pinto Books.（アート＆ソサイエティ研究センター SEA 研究会［秋葉美知子／工
　藤安代／清水裕子］訳, 2015,『ソーシャリー・エンゲイジド・アート入門――アートが社会と深く
　関わるための 10 のポイント』フィルムアート社.）

Jackson, Shannon, 2011, *Social Works: Performing Art, Supporting Publics*, New York and London:
　Routledge.

テッサ・モーリス・スズキ、田代泰子訳, 2014,『過去は死なない――メディア・記憶・歴史』岩波書店.
Mouffe, Chantal, 1993, *The Return of the Political*, London and New York: Verso.（千葉眞・土井美徳・
　　田中智彦・山田竜作訳, 1998,『政治的なるものの再興』日本経済評論社.)
小熊英二, 1995,『単一民族神話の起源――〈日本人〉の自画像の系譜』新曜社.
Ryang, Sonia, ed., 2000, *Koreans in Japan: Critical Voices from the Margin*, London and New York:
　　Routledge.

■■■ 研究コトハジメ：現代アートを「研究」する ■■■

　2008 年に生じた予想外の「リーマン・ショック」（大手投資銀行グループの米リーマン・ブラ
ザーズ・ホールディングスの経営破綻から連鎖的に発生した世界規模の金融危機）を目撃し、何が起
こってもおかしくない現代の不確実な世界の姿に不安が募るなか、筆者の就職活動は遅々と
して進まずにいた。その時期にふと立ち寄ったのが、東京都現代美術館で開催されていた「レ
ベッカ・ホルン展――静かな叛乱 鴉と鯨の対話」であった。そこには、一定の間隔で鍵盤が
飛び出す逆さに吊るされたグランドピアノ（《アナーキーのためのコンサート》）やランダムな
動きで黒いスプレーを壁面に噴射し続ける自動機械（《愛人たち》）など、この国際的に著名な
ドイツの現代アーティストが制作した「わけのわからない」作品の数々が展示されていた。
　この展覧会を見て天啓に打たれた筆者は、その場で現代アートの研究者になることを決意
した――そんな映画や小説のプロットのような出来事があったわけではないが、その時に感
じた「わけのわからなさ」は筆者にとっては不快な感覚ではなく、むしろ現代アートに関心
を抱くことになる最初のきっかけとなった。現在の筆者の主な研究対象は「ソーシャリー・
エンゲージド・アート」と総称される社会・政治的な芸術実践であるため、このエピソード
は意外に思われるかもしれないが、この領域に足を踏み入れることになった動機には、こう
した現代アートに特有の「わけのわからなさ」への興味があった。
　現代アートのこうした「わけのわからなさ」は、作品の鑑賞者を「ゆさぶり」、その思考
を刺激し、これまでに見えていなかった風景を人々に見せることがある。しばしば誤解され
るが、現代アートを「研究」するとは、その「わけのわからなさ」をことごとく言葉によっ
て説明・解釈し、完全に解消してしまう行為を意味するわけではない。また、「批評」とは
異なり、「研究」の主眼は作品の「価値づけ」（Carroll 2009＝2017）をすることでもない。
現代アートを「研究」するねらいは、言語化しにくい「わけのわからなさ」も含めて、個々
の作品が有する可能性や限界を多角的に明らかにしていくことにある。

〈引 用 文 献〉
Carroll, Noël, 2009, *On Criticism*, Routledge.（森功次訳, 2017,『批評について――芸術批評の哲学』勁
　　草書房.)

12

文化の「遺産化・財化」に
抗う文化実践

「内灘闘争——風と砂の記憶——」展をめぐって

石川県河北郡内灘町。金沢市、河北潟、そして日本海に囲まれた人口2万6000人
ほどの町である。その内灘の、とある住宅街の脇にある小道の突き当りに、この奇妙な
形をしたコンクリート製の頑強な建築物はある。中には2畳ほどの空間があり、スリッ
トからは内灘の海岸と日本海を望むことができる。脇に立てられた説明にはこうある
「内灘町指定文化財史跡　着弾地観測所跡」。本章では、この「着弾地観測所跡」なるも
のから派生していくことになる、金沢美術工芸大学の教員と大学院生・修了生による文
化実践を見てみることにしよう。

1. 内 灘 闘 争

　そもそも、「着弾地観測所」とは一体何なのか。そこから確認してみよう。
1952年9月20日、内灘村（当時）の砂丘地を、日本に駐留するアメリカ軍の
砲弾試射場に使用したいと日本政府から石川県に伝えられた。もとより朝鮮戦
争真っただ中のアメリカは、日本の企業に大量の砲弾を発注していたが、実戦
の前にそれらを試射する場所を探していたのである。内灘町のHPによれば、
日本政府が内灘砂丘に白羽の矢を立てたのは、第二次大戦以前に旧日本陸軍の
実弾射撃演習場として使用した国有地があること、砂丘地であり住民への補償

額が少なくてすむと考えたことが理由とされる。内灘村議会はすぐに接収反対を決議し、住民らは反対の署名活動を行ったが、第4次吉田茂内閣は接収を閣議決定した。これに対し内灘村は、砂丘地の使用は4ヵ月の期限付きであること、期限後の米軍駐留は認めないこと、村への補償金は即時現金払いすることなどを接収に応じる条件として提示した。政府はこれを受け入れ、内灘の砂丘には米軍試射場が建設されたのである。そう、「着弾地観測所」とはこの試射場の名残であり、米軍（と雇われていた日本人）が朝鮮戦争で使用する砲弾が狙い通り着弾するかをスリットから観測した場所だったのだ。

　しかし、話はこれで終わらない。1953年3月、実際に試射が開始されると、予想をはるかに超える激しい発射音や炸裂音が地元住民を苦しめた。加えて、国による永久接収も噂されるようになると、石川県全体にも試射場反対の機運が高まった。そして、「内灘永久接収反対実行委員会」の発足、内灘村民大会での永久接収反対の決議、県議会での無期限使用阻止の声明発表と続くことになる。しかし、第5次吉田内閣は6月、砂丘地の永久接収を閣議決定した。これを受けて地元住民らは、試射場内の監視小屋での座り込み、国会への陳情、議事堂前でのデモなど、抗議活動を激化させ、いわゆる「内灘闘争」として全国的に知られていくようになる。これに呼応するように、全国の労働組合や学生、革新政党などが「闘争」を支援し、清水幾太郎や丸山眞男といった**知識人**たちもこれに参加していった。こうして「内灘闘争」は、戦後日本の各地で展開される米軍基地反対運動の始まりに位置づけられることになるのである。

🔷 2. 文化を「遺産化・財化」するということ

　もちろん、「内灘闘争」自体、戦後の社会運動のあり方を考える上でも大変興味深いものである。しかし、それ以上にわれわれの目を引いたのは、当時の米軍施設である「着弾地観測所」が残されているということである。いや、観測所だけではない。同じく施設跡の「射撃指揮所」、そして「内灘闘争」に関する資料を展示した資料館「風と砂の館」があり、地元の小学生が授業として見学にくるといった具合に、内灘には「闘争」の記録が多く残されているのだ。

　ただ、ここで考えたいポイントは、「どのように残されているか」である。

内灘町議会では 2010 年から「着弾地観測所」や「射撃指揮所」を「文化財」にすべきとの意見が議員から出され、2015 年に「文化財」に指定されている。みなさんの地元や生活空間にも、「文化財」あるいは「文化遺産」と呼ばれるものがあるだろうか。それは地域のシンボル的な建物かもしれないし、超絶技巧の美術工芸品、あるいは芸能のような無形のものかもしれない。われわれは普段から、意識的・無意識的に「文化遺産」や「文化財」なるものに接したり、鑑賞したりしている。しかし、あらゆる「文化」がいつのまにか自然に「文化財」や「文化遺産」になるわけではない。特定の文化を「財」や「遺産」にする「遺産化・財化」の局面があるはずである。では、そもそも「文化」を「遺産」や「財」にするということは、一体何を意味するのだろうか。『日本国語大辞典』には、「文化遺産」とは「前の時代の文化財で、現在に伝わるもの。」とある。では、その「文化財」とは何か。文化庁のHPにはこうある。

> 文化財は、我が国の長い歴史の中で生まれ、はぐくまれ、今日まで守り伝えられてきた貴重な国民的財産です。このため国は、文化財保護法に基づき重要なものを国宝、重要文化財、史跡、名勝、天然記念物等として指定、選定、登録し、現状変更や輸出などについて一定の制限を課す一方、保存修理や防災施設の設置、史跡等の公有化等に対し補助を行うことにより、文化財の保存を図っています。また、文化財の公開施設の整備に対し補助を行ったり、展覧会などによる文化財の鑑賞機会の拡大を図ったりするなど文化財の活用のための措置も講じています。

　ツッコミどころは多々あるが、とりあえず一点のみ。文化庁の説明では、「まず文化財ありき」のようになっているが、それでは順序があべこべで、あるものを同庁が「文化財」に認定することではじめてそれが「文化財」になるはずだ。最後に「遺産化」というやや聞きなれない言葉についても確認しておきたい。『社会学で読み解く文化遺産』には、「考古学者の K. ウォルシュは、遺産 heritage を、一般的に肯定的な性質を持ち、過去との関係性を前提とし、モノや伝統の分類の方法に関わるもので、しばしば壊れやすさも含意すると緩やかに理解した上で、ある対象や場所が機能的な「モノ」から展示・陳列されるものに変換されるプロセスを〈遺産化〉と呼んだ」（木村・森久 2020: 4-5）とあ

る。

　少しまとめてみよう。文化遺産や文化財とは「過去のもの」で、その多くは貴重なもので、保存、展示、活用していく対象であり、そのプロセスが「遺産化」ということだ。つまり、「遺産」や「財」とされた文化は、過去のものとして物象化され、鑑賞、活用、消費されるのである。しかし、「着弾地観測所跡」を前にした時、このような「遺産化」には違和感を覚えざるをえない。これは保存されるべき「過去のもの」なのだろうか。内灘闘争は米軍施設に対する反対運動なのだ。これは決して過去の問題ではなく、多くの米軍基地を抱える「現在」のわれわれの問題である。基地と聞くと多くの人は沖縄を想起するかもしれないが、基地問題は沖縄だけの問題ではない。戦後の日本を規定してきた日米安保や、東アジアの政治経済構造、そういったものが集約されているのが基地なのであって、決して沖縄だけが抱えている問題ではない。基地を沖縄に押しつけた上で、さらに基地問題すらも沖縄に押しつけていいのだろうか。そんなはずはない。だからこそ、内灘闘争を過去の出来事にせず、われわれの問題として引き受けていく必要があるのではないか。

　間違えないでほしいのは、遺産化に違和感を覚えるからといって、それを全部取り壊してしまえなどと言いたいわけではない。たとえば、広島に原爆ドームという世界遺産がある。遺産化に違和感を覚えるんだったら原爆ドームを壊してしまえばいいのかと言えば、決してそういうことではない。もちろんきちんと保存・保護すべきであろう。つまり、保存・保護イコール遺産化ではないということだ。たとえば、原爆ドームという存在は、あれは今から70数年前に原爆投下という悲惨なことがあったね、忘れないでおきましょうね、というためのものだけではない。過去にとどめるということではなくて、今を生きるわれわれにとっても非常にアクチュアルな問題を投げかけもするから原爆ドームには価値があるはずである。内灘闘争もまた然りなのだ。

◆ 3. 「風と砂の記憶」展 2018・2021

　では、内灘闘争を自分たちの問題として引き受けていくその回路はどこにあるのだろうか。ここからは、金沢美術工芸大学の教員と大学院生・修了生が行

なった2回の展覧会「内灘闘争——風と砂の記憶——」展を紹介しながら検討してみたい。ただし、ここには筆者の解釈が多分に入っており、必ずしも制作者の意図そのものを代弁しているわけではない。

　まずは2018年の展示から。1つ目は、修了生の石田香による「対話」という作品である。人の形に模した針金が、向かいあったイスにそれぞれ設置されている。着弾地観測所跡の2畳ほどしかない空間に展示した。石田はこの着弾地観測所跡に入った瞬間、まわりとの対話というのを一切遮断されるという感覚に陥ったそうである。それはつまり、当時の内灘村の人たちの反対の声も遮断するし、米軍施設で働いていた人に対する問いかけも遮断するような閉ざされた空間である。だからこそ、向かいあうことを拒絶した空間であえて向かいあいながら対話することをテーマに作品を作ることによって、なんとか自分の問題に引き寄せられないかと考えたのである。石田は針金で人の形を作ってはいるが、非常に抽象的である。だから、男か女かわからない。おとなか子どもか年寄りかもわからない。アメリカ人か日本人かさえわからない。あえて抽象化することによっていろいろな対話を喚起するような、そのような作品だといえる。

　次は、博士後期課程（当時）の内田望による「それゆけ♡恋バナ号〜内灘編〜」を紹介しよう。車を模した立体物の4面の窓部分にそれぞれ違う動画が流れている作品である。正面にはリサーチ活動のなかでインタビューに応じていただいたご夫妻が映っている。内田の場合、自分たちの問題に内灘闘争をどう引き寄せるのかと考えた時に、その回路として彼女があげたテーマが恋愛である。ご夫婦は2人とも内灘闘争に参加していたのだが、正確に言えば、内灘闘争で出会いそこで恋をして結婚した。左側の動画に写っているのは、同じくインタビューをお願いした米軍施設で働いていた方である。内灘村で下宿して米軍施設で働いていた彼は、その下宿先の娘さんと知り合って結婚する。やはり内灘闘争・米軍施設が縁で結婚しているわけだ。インタビューでそういう話を聞いた時に、自分たちの土地を奪われるというシビアな状況であっても、われわれと同じように恋愛するんだということに内田は気づいたのだ。あとの二面には、内灘出身の女性に失恋話をしゃべってもらう動画、そして、金沢と内灘に旅行に来たことがある関東の女性に話を聞いて、その時一緒だった恋人との思い出を語ってもらう動画が流れている。つまり、時代・場所を超えた4つ

の「内灘と恋」を同時に流すことにより、恋愛を回路に内灘闘争を自分たちの問題に引き寄せる、そういう作品である。

「内灘闘争——風と砂の記憶——」展は、メンバーを変えて2021年6月にも開催した。こちらの展覧会の作品も「内灘闘争をわれわれの問題として引き受ける」という視点から見てみたい。深田拓哉（当時修士課程）の「そこに在ったモノたちに」は、道路の文字「止まれ」を鉄によって原寸大の立体にした作品である。もとより、でかく重い作品を「後先考えず」制作するのが深田の特徴だ。この作品も搬入「できるか」がポイントであった。というよりも、設置場所である「射撃指揮所跡」横に「運ぶ」ことがこの作品にとって重要な行為であったといった方が正確だろう。この作品のキャプションに深田はこう記している。

> 僕は、失われたものや、忘れ去られたものを身体的に体感させ、作品を作ろうと思っています。僕の生まれてくる、ずっと前にあったという鉄板道路を今、内灘海岸に再現させ、「ものを運ぶ」という行為をすることで、70年前の内灘の人々や、景色に思いを馳せることができると信じています。

そう、深田は実際に内灘の海岸に鉄板を敷き、（このために大型免許を取得し！）トラックに載せた自身の作品を運んだのだ、あの日の米軍のように。そして脱輪し、タイヤが砂浜に埋まり、多くの人を巻き込んでいく。そこまでが作品だったと言えるかもしれない。

同じ「射撃指揮所跡」に展示されたのが、宮崎竜成（当時博士後期課程）の音響作品「●」である。宮崎は展覧会前の2ヵ月間、定期的に内灘海岸に通い、そこの音を収集し、ごみを拾い、海に入って波を浴びるといった行為を続け、それをマルチトラックレコーダーで録音し、会期中、砂浜に置かれた2台のステレオスピーカーからその音を流した。内灘闘争に向きあった時、宮崎は自分が徹底的に部外者であることを自覚した。その上で、内灘に何日も通い、この土地のにおいや成分を自分の身体に侵入させることで、内灘の環境を身体化させ、ある種の「当事者性」を獲得しようとした。そして、「当事者」と「部外者」その異質なもの同士の衝突や関わりあいを、スピーカーを通して「上演」したのだ。まずは「当事者」と「部外者」という矛盾する自己に向きあうところから始めるという、宮崎の真摯な姿勢がよく表れている作品だといえる。

2回の展示で合計13作品が発表されているが、そのすべてを紹介することはできない。しかし、どの作品も「内灘闘争を自分たちの問題として引き受ける回路としてのアート」という可能性を含んでいると言うことができるだろう。

■■ 4. | それがアートである理由

　最後に、内灘闘争を自分たちの問題として引き受けていく回路として、それがアートである理由について考えてみたい。まずあげられるのは「リサーチ、制作、展示における場所性」である。筆者はアーティストではないので、何かを調べたら、論文やレポートといった文書にまとめる。みなさんの多くもそうかもしれない。今では論文の多くはネット上にもあって、いつでもどこでも読むことができる。内灘で読もうが、東京で読もうが内容は変わらない。しかし、アートというのは、どこに設置するかが重要である。深田の作品をトラックに載せて東名高速を走っても、それはただの運搬にすぎない。九十九里浜にタイヤが埋まっても、それはただ「やらかした」だけだ。内灘に設置するということで「内灘」という場所の意味性を喚起できるのではないだろうか。

　それから、「フィクション・ノンフィクション」というポイントである。内灘闘争の関係者にインタビューするなかで、それは記憶違いだろうという話や、他の人の話と食い違うことも少なからずあった。たとえば、われわれが論文にする時、明らかにおかしい話は文献などで調べて、事実と違っていたら訂正したり論文から除外したりするだろう。しかし、記憶違いをしているというのは、それはその人が生きてきた過程の話なのであって、その記憶が正しいか、間違っているかの客観的・学術的ジャッジなど、その人にとっては重要なことではないかもしれない。論文にまとめるとなった時にはそれが大事かもしれないが、アートにする時には、フィクションとノンフィクションをはっきり区別する必要はない。かれらの記憶に真摯に向きあう上で、アートは非常に良い媒体ではないだろうか。これに関連することだが、みなさんもレポートや論文を書く時に、指導教員からちゃんと事実関係を整理してまとめなさいなどと言われることがあるだろう。だけど、それは時として「乱暴な行為」となることがある。現実はそんなに整理されていない。色々な矛盾したことが同時に起

こるし、昨日までこれはAだと言っていた人が、次の日になるとこれはBだと言うことなんてザラにある。そうした矛盾が入り混じっている状況を、われわれのような文章を書く側は、それを整理（情報を取捨選択）して右から左に物語を紡いでいく。それはある意味不自然で乱暴なことかもしれないのだ。アートはそれを無理に整理整頓する必要はない。カオスのものをカオスのまま提示することができるというのも大きなメリットだと言える。同じことだが、論文というのは「はじめに」があって「おわりに」がある。つまり、ある地点から始めて、ある地点で終わらなければいけないわけだ。だけど、現実は始まらないし終わらない。アートは始める必要もなければ、終わる必要もない。ペンディングしたものをペンディングしたまま提示することも可能だからである。

　このように、内灘闘争を決して遺産化せずにわれわれの問題として引き受けていく回路として、アートにはその可能性があるのではないだろうか。もちろん、「この問題はアートに任せておいて、言葉はすっこんでろ」などと言いたいのではない。アートがすべてを解決してくれるなどと主張したいのではない。われわれは内灘闘争について読み、書き、議論しなければならない。その時、言葉がなくてどうする。そもそも、言葉の力を信じているからこの文章を書いているのだ。内灘闘争を自分たちの問題として引き受けていく回路としてのアートの可能性は、言葉とともにあるからこそ見出せるはずである。そう、アートと言葉は「共闘」できるのだ。そもそも、「アートと言葉」というように、両者は分けられるものですらないのかもしれない。

（稲垣　健志）

〈読者のための文化案内〉
＊映画『非行少女』（浦山桐郎監督，1963年）：和泉雅子主演の金沢・内灘を舞台とした映画。内灘闘争が背景に描かれている。
＊映画『あらかじめ失われた恋人たちよ』（清水邦夫・田原総一朗監督，1971年）：桃井かおり主演。「米軍施設跡」がロケ地に使われており、「闘争」にも言及。

〈引　用　文　献〉
木村至聖・森久聡編，2020，『社会学で読み解く文化遺産——新しい研究の視点とフィールド』新曜社.

■■■ 研究コトハジメ：ぶらぶらのススメ ■■■

　本文でも言及したように、内灘町には「着弾地観測所跡」、「指揮所跡」、さらには「鉄板道路」という名称の道も残っている。これらは車やバスで移動しているだけではなかなか見つかりにくい。そう、ぶらぶらと歩くことが必要なのだ。上野俊哉と毛利嘉孝が早くから指摘しているように、「カルチュラル・スタディーズにとって都市を歩くことは、本を読むことと同じくらい、いや本を読むことよりも重要である」（上野・毛利 2000: 47）。2人がこのように言う時、念頭に置いているのは、ヴァルター・ベンヤミンである。「ベンヤミンは都市を歩く人を『遊歩者』（フラヌール）と呼び、その日常的な実践をある種の政治的な実践と考えた」（同：48）というわけである。あるいは「歩くことの重要性」について、川端浩平はこう述べている。「ジモトを歩くとは、自己と他者とのあいだに生じる境界域を歩き、両者を遮る壁のようなものがいかに歴史的に形成されてきたのか、そして現在も再形成されているのかを生活者の視点から共動的にかつ批判的に観察する知的な挑戦である」（川端 2013: 64）。なるほど、カルチュラル・スタディーズは歩くことさえ簡単にはさせてくれないのか。

　いやいや、そんなに身構える必要はない。まずは近所をぶらぶらすればいいのだ。意味もなく目的もなく、ただのんびりと。変わった形の建物に出くわすかもしれないし、なぜか同業の店ばかりが立ち並ぶ不思議な通りに出るかもしれない。不自然にまっすぐな通りを歩いていることに気づくかもしれないし、超高層マンションの脇にある小さな石碑に目が留まるかもしれない。そうしたちょっとした違和感や何気ない発見が、研究の始まりになることは往々にしてあるのだ。スマホなんかカバンにしまってしまおう。歩きスマホは危険なだけでなく、あらたな発見や体験を逃しかねない「もったいない行為」なのだ。スマホなんか授業中にでも見ればいい（とは言わない）。あのコメディアンのように、とりあえずぶらぶらしてみよう。ひょっとしたら、いつもの通学路や地元に、見慣れたはずの風景や偶然通った路地裏に、研究の始まりがあるかもしれない。

〈引 用 文 献〉

上野俊哉・毛利嘉孝, 2000,『カルチュラル・スタディーズ入門』筑摩書房.
川端浩平, 2013,『ジモトを歩く――身近な世界のエスノグラフィ』御茶の水書房.

13

「カルスタ」を逆なでに読む
カルチュラル・スタディーズをゆさぶるために

　最後の章では、「カルスタ」を逆なでに読むということを試みてみたい。「カルスタ」とはもちろん、カルチュラル・スタディーズの略語で、このような言い方は日本語の文脈でしか通用しないため、ここでいう「カルスタ」とは、「日本におけるカルチュラル・スタディーズ」を意味する。一方、「逆なでに読む」とは、カルチュラル・スタディーズにも多大な影響を与えたイタリアの歴史学者、カルロ・ギンズブルグの著書『歴史を逆なでに読む』からお借りしたものである。いわく、「歴史を逆なでに読む」とは、史料を生産してきた者たちや利用してきた者たちの意図に逆らってそれらを読むことである（ギンズブルグ 2003: 8）。しかし、これにはさらに元ネタがある。それは、ヴァルター・ベンヤミンの「歴史を逆撫でする」という言葉である（ベンヤミン 1995: 651）。ベンヤミンによれば、ひと続きの矛盾のない神話と化した「歴史」という物語が隠蔽・抹消してきた過去をこじ開けることが、「歴史を逆なでる」ということである（柿木 2021: 151）。こうした点を踏まえ、本章でも、「カルスタを逆なでに読む」ことで、それが覆い隠してしまったものを掘り起こし、カルチュラル・スタディーズをゆさぶってみたい。

1. 「カルスタ」の誕生

　「カルスタ」の誕生と題してはいるが、「日本におけるカルチュラル・スタディーズはいつ始まったのか？」という問いに答えようとしているわけではない。そのような問いに答えるのは難しい、というか無理である。お店やテレビ番組ではないのだ。「さあ、今日からカルチュラル・スタディーズが始まりました」というわけにはいかない。とは言え、もちろんカルチュラル・スタディーズにも「歴史」というか、アカデミックな「積み重ね」はある。そうした点については、「はじめに」で紹介した「カルチュラル・スタディーズとは何か」を扱った本で確認してほしい。あるいはそうした本を横に置きながら、ここではあくまでも「カルスタの誕生」についてみていこう。

　吉見俊哉によれば、1980年代から、メディア研究と人類学と文化理論で、既存

ディシプリンの枠組を越境するいくつかの試みがカルチュラル・スタディーズとして意識され始めていた。しかし、1990年代初頭まで、日本でカルチュラル・スタディーズが総体として語られることはほとんどなかった（吉見 2019: 48）。そうした日本のカルチュラル・スタディーズにとっての転換点のひとつは、1996年という年であったという。「はじめに」でも触れた通り、この年の3月、スチュアート・ホール、アリ・ラタンシ、アンジェラ・マクロビー、コリン・スパークス、シャーロット・ブラズドン、デヴィッド・モーレーの6名が来日し、シンポジウム「カルチュラル・スタディーズとの対話」が開催された。吉見は、とりわけホールが行った基調講演「カルチュラル・スタディーズの翼に乗って、旅立とう」を、「日本におけるカルチュラル・スタディーズの大きな展開の画期」と位置づけている。しかし、吉見がこの年をポイントにあげているのは、このイベントだけが理由ではない。この年の1月には酒井直樹を中心に『思想』でカルチュラル・スタディーズの特集が組まれ、3月には『現代思想』でも同様の特集が組まれたのである。これも「はじめに」で紹介したように、それ以降、わずか5年ほどの間に多くの「カルチュラル・スタディーズとは何か」本が出版されることになる。当時カルチュラル・スタディーズに対する関心が急速に高まった理由について、吉見はこう説明している。

> 既存の学問体制自体の地殻変動、すなわち一方では、旧来の伝統ある諸学の枠組と学生たちの学問的関心が調停不可能なほどに乖離していること、他方では、大学の研究教育組織の水準での学問体制の再編が、「情報」「環境」「国際」「文化」等をキーワードとした中身がきわめて曖昧な新領域を族生させてきたことなどと関係している。（吉見 2019: 50）

2001年に「文学部」から「言語文化研究科」に進学した筆者は、まさにこうした吉見の指摘を経験したのである。

　しかし、というか、もちろんと言うべきか、当時の（そして現在の）人文社会系の学問に携わる人間のすべてがカルチュラル・スタディーズを歓迎したわけではない。当時の感覚としては、むしろ反発の声の方が大きかったように思う。その代表格が柄谷行人であろう。柄谷は自身が編集を務める『批評空間』第Ⅱ期第12号の編集後記において、近年の学術界が「理論的な格好をする

が、本当は経験論的・実証主義的なアカデミズムに戻っている」と嘆きながら、こう述べている。

> 頭の悪い下部構造に規定されながら、上部構造において相対的な自律性をもつといった程度の学者が、いよいよその下部構造の根本的規定性を露出してきただけである。少しも新しい現象ではない。
> 「カルチュラル・スタディーズ」とか「ポストコロニアリズム」とか呼ばれているものは、その例である。日本および日本学の同類はもっと水準が低い。今後、私はこれらを「カルスタ」と「ポスコロ」と呼ぶことにする。(柄谷 1997: 234)

要するに柄谷は、日本におけるカルチュラル・スタディーズを「カルスタ」と呼んでバカにすると宣言したのだ。そう、ここにカルチュラル・スタディーズの蔑称「カルスタ」が誕生したのである。こうした「カルスタ」批判に対し、吉見はこう反論している。

> ここ数年、日本ではカルチュラル・スタディーズがあまりにも急速にアカデミック・ジャーナリズムの流行商品に仕立て上げられていったのが裏目に出たのか、論者たちの格好の攻撃対象ともされてきた。保守派はこれを国家の機能的な必要性を知らない能天気な議論だと攻撃し、一部の左派はこれを消費社会に迎合的なポピュリズムの表現と見なし、ポスト構造主義のテクスト理論家たちは「カルスタ」など「頭が悪い」連中の「鈍重な実証主義」だと見下している。これらの批判には悪意ある攻撃という以前に、カルチュラル・スタディーズについての単純な無理解、あるいはきわめて一面的な理解に起因しているものも少なくない。(吉見 2019: 53)

確かに、（これは「カルスタ」に限ったことではないが）物事をきわめて恣意的に一面的にとらえ、それを批判するということはよくあることである。現在のSNSなどは、その巣窟だといえるかもしれない。しかし、「カルスタ」に対する批判が悪意と無理解と一面的な理解に基づくものであったとしても、それは「カルスタ」自体に問題がないということを保証するものではない。やはり、「カルスタ」はいくつかの問題を抱えているのだ。次節以降、こうした点について見ていくことにしよう。

2. カルチュラル・スタディーズの翻訳 ：「カルスタ」はパンクに出会ったのか？

　イギリスにおけるカルチュラル・スタディーズの重要な成果のいくつかは、これまで日本語に翻訳されてきた。しかし、それらすべてが「カルチュラル・スタディーズの学術的成果」として紹介されてきたわけではない。たとえば、「カルチュラル・スタディーズとは何か」本などで、その先駆的研究として取り上げられるリチャード・ホガート『読み書き能力の効用』(1958年)、レイモンド・ウィリアムズ『文化と社会——1780〜1950』(1958年)、そしてE. P. トムスン『イングランド労働者階級の形成』(1963年)は、歴史学や文学研究の領域で紹介されており、翻訳された時期もバラバラである(翻訳はそれぞれ、1986年、1968年、2003年)。そもそも、1990年代後半の時点ですでに研究者(あるいは院生)であった場合、カルチュラル・スタディーズとは別の専門分野があったわけで、その専門に照らして「カルチュラル・スタディーズというのは興味深い、新鮮だ」ととらえたはずである。翻訳書もどの分野の人間が訳したかは大した問題ではない。自分自身でカルチュラル・スタディーズという軸に基づき整理すればいいだけの話である。

　問題の一つは、「何が翻訳されてこなかったか」である。その最たるものがカルチュラル・スタディーズのフェミニズム研究であろう。1970年代に**バーミンガム大学現代文化研究センター (CCCS)** で学び、カルチュラル・スタディーズの男性中心的傾向をフェミニズムの立場から批判したアンジェラ・マクロビーの著書がはじめて翻訳されたのは、2022年(！)のことである。その本『フェミニズムとレジリエンスの政治―ジェンダー、メディア、そして福祉の終焉』を訳した田中東子と河野真太郎は、「訳者あとがき」でこう述べている。

　　メディア文化とフェミニズム、ネオリベラリズムとポストフェミニズムに関する論文や著書を紐解けば必ず引用されているのがマクロビーである。そうであるにもかかわらず、日本ではこれまでマクロビーの本が翻訳され、体系的に紹介されることはなかった。現時点で論文の翻訳は三本しかない。カルチュラル・

スタディーズやポストフェミニズム論に目配りしている国内の研究書にはその名前をみつけることができるものの、マクロビーの研究や思想について私たちはこれまで飛び石を渡るような頼りない知識と情報しか得ることができなかったのである。(田中・河野 2022: 225)

　もちろん、これはマクロビーに限った話ではない。「カルスタ」にはフェミニズム研究の成果に対するケアが圧倒的に不足しているのである。そして、どういう研究が翻訳されてきたか、あるいはされてこなかったのかを検証することは、「カルスタ」の特徴を明らかにすることにもなるだろう。

　翻訳に関するもう一つの問題は「どのように翻訳されたか」である。カルチュラル・スタディーズの特徴の一つは、それまで「下位なもの」として研究対象とみなされてこなかったサブカルチャーに着目した点である。筆者自身、はじめて「カルチュラル・スタディーズなるもの」を知ったのは、「パンク」で卒業論文を書こうと決め、いろいろと調べていた時であった。そしてたどり着いたのがポール・ギルロイの『ユニオンジャックに黒はない』であった。しかし、当時は翻訳がなく、原書で読むしかなかった。当然、学部生一人の手におえるものではなく、「パンクについて何か書いてある」ことはわかったが、何を言っているのかさっぱりわからなかった。ただ、「パンクについて真剣に考えてもいいんだ」と背中を押してもらった感覚はあった。その後、イギリスの図書館で 1970 年代当時の音楽雑誌を片っ端から調べ、それをもとに卒業論文（論文と呼べる代物ではない）をまとめたのであるが、実はその時点ですでに翻訳されていた重要なパンクの「研究書」があった。それが、ディック・ヘブディジの『サブカルチャー』(1986 年翻訳)とジョン・サヴェージの『イングランズ・ドリーミング』(1998 年翻訳)である。ヘブディジはマクロビー同様 CCCS で学び、1978 年、パンクの服装、音楽、態度のスタイルが生み出すあいまいで矛盾に満ちた意味を記号論的に解釈した同書を発表した。また、音楽雑誌 Sounds などに寄稿するジャーナリストであったサヴェージは、1991 年にパンクの歴史とその社会背景を丹念に追った同書を出版している。しかし、こうした研究書は、そのような文脈を十分踏まえることなく翻訳されてしまった。言ってしまえば、「サブカルチャーとしてのパンク」を、そのまま「サブカルチャー」として消費してしまっているのだ。加えて、ギルロイの『ユニオ

ンジャックに黒はない』が翻訳されたのが 2017 年であることも加味するなら、「カルスタ」はパンクにきちんと出会うことができなったといえるかもしれない。少なくとも、われわれは「カルスタ」というフィールドで、もう一度パンクを真剣に考える余地があるのではないだろうか。

3. カルチュラル・タイフーンの発生
：台風はどこに上陸するのか？

「カルスタ」を語る上で欠かせないのが、カルチュラル・タイフーン（カルタイ）である。カルタイは「大学内外の研究者、社会活動や社会運動に関わる実践者、さまざまな領域で活躍しているアーティストたちが、専門分野の垣根を越え、文化と政治にかかわる課題にたいして自由な意見交換と創造的な表現活動を行う場を作り上げること」を目的に、2003 年、早稲田大学ではじめて発生した。カルチュラル・タイフーン（文化颱風）という名前は、その準備会議の折に、実際、台風が襲来した逸話にちなんだものだという。カルタイ発生の背景には、既存の学会やシンポジウムへの疑問、反発がある。その理念について田中東子はこう説明する。

> 実践者や活動家やアーティストや研究者が、パネルやワークショップやブースにやってきて対話し、一緒に思考する。インフォーマントとしての現場の人々の言葉を収奪するだけでなく、また、権威ある登壇者が壇上から一方的に語りかけ、それをオーディエンスがただ聞くだけというシンポジウムのやり方を批判しながら一緒にパネルを作り上げるというのが、カルチュラル・タイフーンの理念である。（田中 2013: 13）

このカルタイには日本のみならず、アジアを中心に世界から研究者、アーティスト、パフォーマー、アクティビストが集い、東京開催では1000人を超える参加者がこの「大人の文化祭」を楽しんでいる。また、紆余曲折の末、2013年にはカルタイが学会化され、「カルチュラル・スタディーズ学会」として、カルタイの開催や『年報カルチュラル・スタディーズ』の発行を担うようになった。加えて、こうしたカルタイを記録した、伊藤守編『文化の実践、文化の研

究―増殖するカルチュラル・スタディーズ』（2004年）、岩渕功一、多田治、田仲康博編『沖縄に立ちすくむ――大学を越えて深化する知』（2004年）、鶴本花織、西山哲郎、松宮朝編『トヨティズムを生きる――名古屋発カルチュラル・スタディーズ』（2008年）、岩崎稔、陳光興、吉見俊哉編『カルチュラル・スタディーズで読み解くアジア』（2011年）といった本が、せりか書房より出版されている。

　こうしてみると、カルタイはとても「順調」である。「逆なでる」必要などなさそうである。しかし、それはある特定の方向から見た時の話なのだ。2021年、カルタイは筆者の勤務地である金沢で開催された。テーマは The 'Back' Strikes Back（裏の逆襲）。そこにはどんな意味が込められたのか。ご存知かもしれないが、これは日本海側初のカルタイであった。なぜこれまでカルタイは太平洋側でしか開催されなかったのか？その理由は単純である。台風とは太平洋側の自然現象に過ぎないからだ。しかし、そのことはあまり意識されてこなかった。日本海側のことは頭になく、太平洋だけを見て、「台風は全国どこへでも行くだろう」となんとなく考えてきたのではないか？つまり、カルタイとは、無意識のうちに**「太平洋中心主義」**（パシフィックセントリズム）的な性格をもってきたのだ。もし、その名前が「カルチュラル・鰤起こし」だったら、太平洋側の皆さんも違和感を覚えるだろう。これは単なる言葉遊びではない。近代日本では、**「裏日本」**（としての日本海側）と**「表日本」**（としての太平洋側）という対概念を創りだし、「表日本＝太平洋」中心の国家をつくるべく、太平洋側に「人・金・もの」を集中させてきた。その過程で日本海を中心としたアジアとの交流は廃れ、日本海側は戦争と植民の玄関となったのである。このカルタイでは、台風になじみの薄い金沢にあえてカルタイを上陸させることで、こうした「太平洋中心主義＝表中心主義」に対する「裏」からの逆襲を図ろうというものであった。

　思えば、このような支配的なもの、中心的なもの、あるいは既存の制度化された（根っこが生えて身動きが取れなくなってしまった）知に対するラディカルな挑戦こそ、カルタイそしてカルチュラル・スタディーズの基本姿勢だったはずである。CCCS の重要な成果である *The Empire Strikes Back: Race and Racism In 70's Britain*（1982）は、ポール・ギルロイら当時の院生たちが、「人種やブ

ラックを扱わないようなナショナリスティック・カルチュラル・スタディーズなんてクソだ！」と異議を申し立てたプロジェクトだった。金沢カルタイのThe 'Back' Strikes Back は、このような原点に回帰するようなテーマだったといえるかもしれない。順調に見えるカルタイも、いや台風だからこそ、常にさまざまな視点からの観測が必要なのである。

■ 4. | 「カルスタ」をどう逆なでるか

　話を「カルスタ」に戻そう。悪意や無理解による「カルスタ」批判とは別に、「カルスタ」に対する危機感は内側からも表明されている。「カルチュラル・スタディーズの終わり」というインパクトの強いタイトルの文章の中で、小笠原博毅はこう述べている。

　　かつて「カルスタ」を牽引してきた「文化は政治的である」「文化の中に政治を見る」などのマントラは、今や逆にカルチュラル・スタディーズを「実践」することに二重の意味でのカタストロフ（破局的展開）をもたらしている。（小笠原2019:184）

小笠原によれば、カタストロフの一つ目は制度的な危機である。「カルスタ」とは、既存の学会などに「他流試合」を申し込み、方法論やパースペクティブの異なる研究や思考を突きつけるはずのものであった。しかし、学会化し「カルスタ」とそれ以外を制度的に分け、「カルスタ」を実践する場が年に一回の「カルチュラル・タイフーン」に限られることで、逆説的にゲットー化することになったという。つまり、既存のディシプリンの枠組みや境界をゆさぶっていたはずの「カルスタ」が、みずから境界をつくり、みずからに縄をかけ雁字搦めになってしまっているのだ。「カルスタ」の実践におけるもう一つの意味でのカタストロフは、それが「抱えてきた社会や文化の現状や政治の状況に対する批判的な言語、語彙、発話が危機に瀕している」ことである。それにより、「カルスタ」という名のもとに何に重点を置いたどのような批判が展開されているのか、見当がつかなくなってしまっているというのだ。そう、「何で

もあり」の「カルスタ」は、結局のところ何をしているのかよくわからないものなってしまっているというわけだ。その上で小笠原は、現状の「カルスタ」を「極めて限られた、おそらくは他の学術領域では『ものにならない』研究の寄せ集め程度に定義できるものに終わっていないだろうか？」（小笠原 2019: 186）と強い危機感を示しているのだ。

　ではどうしたらいいのか？このまま「カルスタ」が終焉していく姿を、『蛍の光』でも合唱しながら見ていればいいのか？もちろんそういうわけはいかない。今こそ、**「知のペシミズム、意志のオプティミズム」**である。「カルスタ」を逆なで、ゆさぶる方法は一つではないし、一つであるべきではない。「カルスタ」の現状を悲観しつつ、それでも「カルスタ」に一縷の望みをもっているならば、その方法を思考し、議論し、行動すべきではないだろうか。たとえば、筆者は以前、「カルチュラル・スタディーズを裏返す」（稲垣 2022）という文章の中で、「カルスタ」の流行、制度化、固定化によって「裏に追いやられた」人物や議論が埋もれているのではないか？われわれは「カルスタ」の表面だけを見てしまっていて「裏の存在」を見逃していないか？と問い、1980年代のイギリスにおいて、人種、階級、そして「新時代」をめぐってスチュアート・ホールの論敵であった（というか一方的にホールを罵った）アムバラヴァネル・シヴァナンダンという人物を取り上げた（詳細については論文を見てほしい）。

　もちろん、「カルチュラル・スタディーズと何か」本や、本書で紹介されている人物や本、用語について調べてほしいし、理解を深めてもらいたい。しかし、それで「カルスタ」が完了するわけではない。今は「カルチュラル・スタディーズなるもの」と認識されていない人物や研究に、自分が真剣に考えたい文化にとって決定的なものがあるかもしれないのだ。もっと切実に、もっと貪欲に「カルチュラル・スタディーズなるもの」をゆさぶらなくてならない。何度でもくり返すが、既存の制度化された知に対するラディカルな挑戦が基本姿勢であるカルチュラル・スタディーズが、みずから凝り固まって制度化してしまっては本末転倒なのだ。それこそ、「しょせんカルスタ」と嘲笑されるだろう。

（稲垣　健志）

〈読者のための文化案内〉

＊映画『ザ・スリッツ：ヒア・トゥ・ビー・ハード』（ウィリアム・E・バッジリー監督、2017 年）：第 2 節で取り上げた、「カルスタ」に不足しているフェミニズムとパンク研究の両方を重ねて考えるために必須のドキュメンタリー。

〈引 用 文 献〉

稲垣健志, 2022,「カルチュラル・スタディーズを裏返す——A. シヴァナンダンをめぐるいくつかの断章」『年報カルチュラル・スタディーズ』10: 3-20

小笠原博毅, 2019『真実を語れ、そのまったき複雑性において——スチュアート・ホールの思考』新泉社

柿木伸之, 2021『断絶からの歴史——ベンヤミンの歴史哲学』月曜社.

柄谷行人, 1997,「編集後記」『批評空間』第Ⅱ期第 12 号 太田出版.

ギンズブルグ, カルロ、上村忠男訳, 2003,『歴史を逆なでに読む』みすず書房.

田中東子, 2013,「文化颱風のあゆみ」『年報カルチュラル・スタディーズ』1

ベンヤミン, ヴァルター、浅井健二郎編訳、久保哲司訳, 1995,『ベンヤミン・コレクションⅠ　近代の意味』筑摩書房.

マクロビー, アンジェラ、田中東子・河野真太郎訳, 2022,『フェミニズムとレジリエンスの政治——ジェンダー、メディア、そして福祉の終焉』青土社.

吉見俊哉, 2019,『アフター・カルチュラル・スタディーズ』青土社.

■■■ 研究コトハジメ：それでもやはり ■■■

　想像してほしい、男だらけの教授陣が若い院生である発表者に対し、偉そうにコメント（という名のマウンティング）をするだけの学会風景を。想像してほしい、そうした「先生方」が発表者そっちのけで自分たちの知識をひけらかす場となっている学会風景を。想像してほしい、受付や案内といった雑用は学生や若手が（ヴォランティアで）やるのが当たり前で、誰もそれを疑問に思わない学会風景を。想像してほしい、自分たちしか関心がないことを、自分たちしか解せない言葉で語り、自分たちしか理解できない発表に終始し、自己満足で自己完結しているような、学会の学会による学会のための学会を。・・・うん、反吐が出るよね。

　こうした学会に比べれば、カルチュラル・タイフーンはまだマシである。少なくとも「発表は若手、コメント（マウンティング）は御大、メインシンポジウムでは御大の中の御大の話をありがたく拝聴」という構図は当てはまらない。ウィキペディアにも載っているような「有名人」も受付や案内をしなければならないし、学会員以外の人たちにも発表やパフォーマンス、展示の機会は開かれている。もちろん、本章にもあるように、カルスタもカルタイもいろいろと問題を抱えているし、まっとうな批判には心して向きあわなければならない。それでもやはり、文化に関心があるなら、心に衝突してくる文化があるなら、そうした文化について真剣に考えてみたいなら、一度カルチュラル・タイフーンに来てみてほしい。実際に見もせず聞きもせず、SNS に「カルタイなんてしょうもな」と冷笑的なコメントを書く前に、ぜひ台風の現場に足を運んでほしい。台風が上陸する寸前のある種の高揚感、その激しさ、うねり、予測不可能性、危険性、そして余波（aftermath）、こういったものはやはり現場でなければ経験できないのだ。そのうえで、「こんなイベント二度と来るか」と思ったのなら、それはもう「ごめん」としか言いようがない。

あとがき

　本書が企画されるきっかけとなったのは、コロナ禍で（少し）流行ったオンライン飲み会でした。その時に、我々より後の世代は、カルチュラル・スタディーズがあるという状況しか知らず、大学でカルチュラル・スタディーズを普通に学ぶことができる。それ自体悪いことじゃないが、それゆえ、「カルスタの作り方」みたいなものがあって、それっぽい材料（文化）に、それっぽいスパイス（理論・著名な研究者の引用）を振りかければ、カルスタっぽいものができてしまう。いわば、お手軽な時短メニューのようになってしまっていないか、というような話になりました（ような気がします。お酒の席ですから記憶半分です）。そして、「よし、じゃあカルスタにゆさぶられた自分たちが、カルスタをゆさぶろう」と盛り上がりました（ような気がします）。それから、そのオンライン飲み会に参加していた栢木清吾さんとともに「ぜひ一緒に本をつくりたい」という人たちに声をかけ、みなさんそれぞれの思いが詰まった文章を寄せてくれました。栢木さんにはそれらすべての原稿に目を通してもらい、的確なコメント・提案をいただきました。そして北樹出版の敏腕編集者である福田千晶さんの指揮のもと、『ゆさぶるカルチュラル・スタディーズ』は完成しました。お二人がいなければ、本プロジェクトは間違いなく頓挫していました。本当にありがとうございました。

　これで本書は我々の手から離れ、編者としてもようやく一息といったところです。あとは読んでくださったみなさんと、「これからのカルチュラル・スタディーズ」の話ができるのを心待ちにしたいと思います。しかし、その場に同席できない大切な仲間がいます。2022年5月、執筆者の一人であるケイン樹里安さんが亡くなりました。本書に掲載されている彼の文章は、まさに病床から届けてくれたものなのです。本来なら、二校三校と修正をお願いするところですが、それがかないませんでした。我々はその文章に込めた彼の思いを尊重し、今回、ケインさんの原稿に関しては必要最低限の修正に留めました。また彼は、一章を担当してくれたというだけでなく、冒頭のオンライン飲み会にも参加しており、一回り上の酔っ払いの戯言に「それいいですねえ」「その方向

性おもしろいですねえ」と優しく相槌を打ってくれました。そして、おそらく多くの方はお気づきかと思いますが、本書はケインさんが編者を務めた『ふれる社会学』を（タイトルだけでなく内容も）強く意識したものであります。『ふれしゃか』だけではありません。ウェッブ上などでレイシズムやさまざまな差別に鋭く切り込むその姿・言葉に、本書は強く影響されています。彼の冴えわたる批評をもうこれ以上読むことができないのは残念でなりません。残念でなりませんが、「残念、残念」と言っていても、彼が取り組んでいた問題が好転するわけではありません。――「マジョリティとは気にせずにすむ人々」――彼のこの言葉を胸に、我々はもう少し前に進んでいこうと思います。

　ケインさん、すみません、原稿出してもらってからだいぶお待たせしてしまいました！相変わらず冷笑主義（シニシズム）が蔓延り、バカが威張っている世の中ですが、そんなろくでもない世の中に対し、強さと優しさとユーモアとコーラと唐揚げを手に（口に）闘い、そして寄り添ったあなたに、心からの敬愛と惜別の思いを込めて本書を送ります。

稲垣　健志

索　　引

執筆者紹介

稲垣　健志（いながき　けんじ）（編者、第 8・12・13 章）
金沢美術工芸大学美術工芸学部　准教授
主著：'Radicals Strike Back: A Memorandum for the Cultural Studies of Black Radicalism in Britain'『金沢美術工芸大学紀要』第 65 号（2021 年）、「カルチュラル・スタディーズを裏返す—A. シヴァナンダンをめぐるいくつかの断章」『年報カルチュラル・スタディーズ』Vol. 10（2022 年）
訳書：ガルギ・バタチャーリャ『レイシャル・キャピタリズムを再考する——再生産と生存に関する諸問題——』（人文書院、2023 年）
おすすめの日本酒：遊穂（御祖酒造、石川県羽咋市）＊特に季節限定もの

ケイン　樹里安（けいん　じゅりあん）（第 1 章）
元昭和女子大学人間社会学部現代教養学科　特命講師
主著：「「ハーフ」の技芸と社会的身体——SNS を介した「出会い」の場を事例に——」『年報カルチュラル・スタディーズ』Vol. 5（2017 年）、『ふれる社会学』（共編著、北樹出版、2019 年）、『プラットフォーム資本主義を解読する』（共編著、ナカニシヤ出版、2023 年）
おすすめのビール：SORACHI1984（サッポロビール）、水曜日のネコ（ヤッホーブルーイング）

清水　友理子（しみず　ゆりこ）（第 2 章）
浜松学院大学現代コミュニケーション学部（地域共創学科観光専攻）　講師
主著：「農業と女性 ——JA による婚活支援と都市から結婚移住する女性たち ——（特集女たちの戦前責任を考える）」『女たちの 21 世紀』（2018 年）、「沖縄の伝統産業と職人集団——琉球ガラスを事例として——」『年報　中小企業・ベンチャー　ビジネスコンソーシアム』（2019 年）、「大学生アスリートのキャリア教育のための予備的考察」『浜松学院大学研究論集』（2022 年）
おすすめの映画：『グリーンブック』

関根　麻里恵（せきね　まりえ）（第 3 章）
学習院大学ほか　非常勤講師
主著：『ポスト情報メディア論（シリーズ　メディアの未来⑪）』（分担執筆、ナカニシヤ出版、2018 年）、「「ギャル（文化）」と「正義」と「エンパワメント」：『GALS!』に憧れたすべてのギャルへ」『現代思想』48（4）（青土社、2020 年）、「「なかったこと」にしな

いための協同作業：『燃ゆる女の肖像』における中絶表象」『早稲田大学総合人文科学研究センター研究誌 = WASEDA RILAS JOURNAL』（10）（2022 年）

おすすめの映画：『モキシー 〜私たちのムーブメント〜』

中條　千晴（ちゅうじょう　ちはる）（第 4 章）

ジャン・ムーラン・リヨン第三大学　准教授

主著：« Chanter l'écologisme dans le Japon de l'après-Fukushima : l'ambivalence de la musique écoféministe chez UA », Itinéraires. Littérature, textes, cultures, 2021. 、「フィメールラッパーの恋愛表象——逸脱・密猟・対話——」『ユリイカ』2023 年 5 月号（青土社、2023 年）

訳書：マリー・ビュスカート『女性ジャズミュージシャンの社会学』（2023 年、青土社）

おすすめの旅行体験：マルタの地下神殿、ベルファストのブラックタクシー、ケアンズのわくわく動物探検ツアー

竹田　恵子（たけだ　けいこ）（第 5 章）

東京外国語大学世界言語社会教育センター　講師

主著：The Dumb Type Reader（分担執筆、Museum Tusculanum Press、2017 年）、『生きられる「アート」——パフォーマンス・アート《S/N》とアイデンティティ——』（ナカニシヤ出版、2020 年）、『ガールズ・メディア・スタディーズ』（分担執筆、北樹出版、2021 年）

おすすめのパフォーマンス・アート：《S/N》（1994 年初演、グムタイプ）

加藤　昌弘（かとう　まさひろ）（第 6 章）

名城大学人間学部　准教授

主著：「現代スコットランドにおけるディズニー映画の受容——映画『メリダとおそろしの森』（2012 年）にみる人種・民族のイメージと国民意識——」『人間学研究』15 号（2018 年）、『ケルトを知るための 65 章』（分担執筆、明石書店、2018 年）、「ヴァナキュラー文化としてのポッドキャスト：スコットランド独立運動における「新しい聴く文化」」『立命館文学』683 号（2023 年）

おすすめのゲーム：『Euro Truck Simulator 2』（SCS Software、2012 年〜）

竹﨑　一真（たけざき　かずま）（第 7 章）

明治大学情報コミュニケーション学部　特任講師

主著：『戦後日本における身体美文化に関する系譜学的研究——美容体操／ボディビルを通じた主体化に着目して』博士学位請求論文（筑波大学、2021 年度）、『ポストヒューマン・スタディーズへの招待——身体とフェミニズムをめぐる 11 の視点——』（共編著、

堀之内出版、2022 年）

訳書：『クリエイティブであれ――新しい文化産業とジェンダー――』（共訳、花伝社、
2023 年）

おすすめの場所：逗子海岸（マリンスポーツを楽しめます！）

おすすめの漫画：『BLUE GIANT』

おすすめの映画：『The Son』（2022 年）

鋤柄　史子（すきから　ふみこ）（第 9 章）

バルセロナ大学社会人類学専攻　博士後期課程在籍

主著：『Materialism of Archive. A Dialogue on Movement / Migration and Things
Between Japanese and Mexican Researchers. 記録のマテリアリズム――移動／移民と
モノをめぐる日墨研究者による対話――』（共編著、神戸大学出版会、2021 年）、『人は
なぜ神話〈ミュトス〉を語るのか』（分担執筆、文学通信、2022 年）

訳書：エレナ・ポニアトウスカ『乾杯、神さま』（幻戯書房、2023 年）

おすすめの Podcast：ゆる言語学ラジオ

全　ウンフィ（じょん　うんふぃ）（第 10 章）

大阪公立大学大学院、文学研究科都市文化研究センター　研究員

主著：「戦後宇治市の地域新聞にみる在日像の変遷過程」『コリアン・スタディーズ』6 号
2018 年、「宇治市 A 地区にみる高度成長期以降の不法占拠の存続要因」『都市文化研究』
23 号 2021 年、『越境と連帯　社会運動史研究 4』（分担執筆、新曜社 2022 年）

おすすめの K-pop：「高架道路にはみ出た青葉／きっとこの都市で唯一に不慣れなロマン」
から始まる Yerin Baek の『See You Again』（2019）

山本　浩貴（やまもと　ひろき）（第 11 章）

金沢美術工芸大学美術工芸学部美術科芸術学専攻　講師

主著：『現代美術史――欧米、日本、トランスナショナル』（中央公論新社、2019 年）
Socially Engaged Public Art in East Asia: Space, Place, and Community in Action（edited
by Meiqin Wang, Vernon Press, 2022）、『ポスト人新世の芸術』（美術出版社、2022 年）

おすすめの小説：深沢七郎「楢山節考」（1956）

ゆさぶるカルチュラル・スタディーズ

2024年1月10日　初版第 1 刷発行

著　者　稲垣　健志

発行者　木村　慎也

カバーデザイン／北樹出版装幀室　印刷／製本　モリモト印刷

発行所　株式会社 北樹出版

〒 153-0061　東京都目黒区中目黒 1-2-6
URL:http://www.hokuju.jp
電話(03)3715-1525(代表)　FAX(03)5720-1488

ISBN978-4-7793-0729-4
（落丁・乱丁の場合はお取り替えします）